キャリアを拓く学びと教育

［著］

九州大学
吉本 圭一

科学情報出版株式会社

はじめに

　本書は、学校から職業への移行を前にした若者を想定し、学ぶことの問いと働き方・キャリアの形成の問いと、その関りから話をはじめたい。教育は、「学問は立身の財本」と称揚される時代ではなくなっているが、教育が、キャリアを拓くことを本来の目的としていることにかわりはない。将来のキャリアが見通せない今日、どのような学びが有効なのだろうか。これまでの日本の教育と社会における現実のキャリア教育の展開や問題点を振り返り、これからの可能性を展望していきたい。

　キャリア教育の類書には、アメリカをキャリア教育の先進国として、その理論の紹介、適用を説くものも少なくない。そこでは、キャリア発達モデルであったり、適性論であったり、近年ではキャリア構築論が語られたりしており、またその過程での心理学的なカウンセリング技法などが中心的なテーマとなっている。もちろん、こうした技法等の汎用性を否定するものではない。本書は、その動向も視野に入れてはいるけれども、あくまでも日本の教育と社会の現実に即して、また理想的なモデルではなく、実証的な知見の範囲で議論をおこなう。そういう意味で、教育社会学からのキャリア教育論である。

　本書を通して、キャリアを拓く教育の方法論として、学術と職業の往還、系統的・法則的な学習と経験的・文脈的な学習の往還、あるいは螺旋状の高度化をする学びの方法に注目し、またその有効性を実証的に検討していく。

　教育社会学からのキャリア教育へのアプローチは、狭い範囲の入手できる範囲のデータで実証可能な小さな仮説を設定して検証したり、あるいはそこに巨大な理論を持ち込み現行の政策を一刀両断したりという形の研究もみられる。ことキャリア教育に関していえば、理論としても政策展開においても、そうした批判に耐えられるほど強固な理論的基盤やその蓄積を持っていないのかもしれない。

　そこで、本書は日本のキャリア教育の進展に歩調を合わせながら、議論を進めていきたいと考えている。たかだかといっては言い過ぎかもし

れないが、日本のキャリア教育は、1999 年の中教審で産声をあげ、やっと 20 歳を迎えたに過ぎない。キャリア教育のコアの方法論としての職場体験やインターンシップもまた同様である。

キャリア教育の担い手がどこにいるのかということも、重要な点である。キャリア教育が 20 年の歴史しかないといっても、それは突然に生まれたわけではなく、それなりのルーツをもっている。著者もキャリア教育の名をもつ日本キャリア教育学会に所属しているが、2005 年にその名称となる以前の学会名称は日本進路指導学会であり、さらに辿れば 1957 年発足の日本職業指導学会にたどり着く。HP の学会沿革紹介では、学会ではないけれども、1927 年発足の大日本職業指導協会がその源流であるとされている。長い歴史があることを自慢するというつもりでもなく、そこまでの歴史を持ちながらキャリア教育の理論的基盤がないことへの学術的批判に根拠を与えたというつもりでもない。学会名称変更は、構成員を変えていくとともに、その研究領域や学術としての見方も変えていく可能性があることを指摘しておきたいと思うのである。日本進路指導学会が、中学校・高校の特別活動等にかかる現場教員とその仕事をコアの課題とし、メンバーとしながら活動してきたと考えるが、そこに新たに、進路指導に限らない広い定義を持つ「キャリア教育」を探し、大学におけるキャリア教育も研究領域に取り込むようになってきた。

領域の学としてのキャリア教育は、いま小中高の領域では、特別活動を中心として全ての教科にわたって配慮されるべき観点であり、他方で、大学、短大、専門学校等の高等教育（以下、本書では包括する概念としては第三段階教育という用語を用いる）の領域では、キャリア支援のための組織と活動が主たる研究対象の現場となっている。

本書は、キャリア教育の中の複数の領域の動きを観察しながら、その領域を通底するもの、つまりそれらの領域間の学術的対話を成り立たせるものが、アメリカからのキャリア教育理論であるのか、日本の教育から社会への移行システムの現実の文脈にあるのか、そうした研究としての問いも論じていきたい。

また、この学会のルーツから想定されることでもあるが、キャリア教育と職業教育との関係についても、読者の関心を持たれる点であろうと思う。この点は、本論の全体を通して問うていきたい。

　本書は4部構成をとり、第1部でキャリアを拓く学びと教育の＜目的と目標＞、第2部でその学びと教育の＜方法＞、第3部でその学びと教育の効用の実証分析、そして第4部では、その学びと教育の＜ガバナンス＞を論じる。これは著者がよい職業教育のモデルとして論じてきた枠組み、すなわち「職業の」「職業による」「職業のための」教育に対応する。キャリア教育は職業教育の基盤をなすものであり、その目的や方法、統制方法において共通のものがあると考えるからである。

　第1部では、キャリアを拓く学びと教育の目的・目標の設定を巡って、キャリア教育の理論的なモデルと現実の教育と社会の日本的システムとを解明していく。本書は広範囲の読者層を想定しているが、この第1部では、特にキャリア教育に関わる教員とともに、進路やキャリアをこれから拓いていく若い人たちに伝えたい課題が論じられている。

　第2部は、本書の中心となる学術と職業を往還する学びと教育の方法として、デュアルな学び、インターンシップ、アクティブ・ラーニング、職業統合的な学習（WIL）までの展開を検討する。ここではもちろん教育する側の読者に焦点をあてるが、どのような学びを積み重ねていくのか、キャリア形成をわがこととして読む読者を期待している。

　第3部は、教育社会学の実証の方法を用いて、学術と職業を往還する教育と学び、キャリアの形成の効用を探っていく。実証はこれにつきるものではないが、分析の過程でのさまざまの副産物的な、しかし往還型教育の特長を示す重要な知見が得られている。

　第4部は、学術と職業との往還による教育をどのように支えていくのか、教学マネジメント、ガバナンスの問いを提示し、そこでのいくつかの制度・組織的な方法論を提示し、また学内外のステークホルダーが関与するキャリアを拓く教育を「公共財」として位置づけ、特にこれからの第三段階教育の未来を語っていきたい。

目　　　次

第2部 ＜教育の方法＞
　　　学術と職業を往還する学びと教育

第5章　学術と職業の往還で学ぶ

第6章　職場体験・インターンシップの日本的展開

第7章　アクティブ・ラーニングから職業統合的学習（WIL）へ

第3部 往還する＜学びと教育の効用＞

第8章 往還する学びと教育の効用 (1)
インターンシップの無業抑制効果

第9章 往還する学びと教育の効用 (2)
専門と関連する就業体験

第10章 往還する学びと教育の効用 (3)
教育の遅効性と30歳社会的成人

第4部　往還する＜教育のガバナンス＞

第11章　往還する学習と卒業生調査による教育改善PDCA

第12章　学術と職業のスパイラルを担保する 国家学位資格枠組（NQF）

第13章　第三段階教育の未来形

第1部

＜教育の目的と目標＞
何を学ぶのか？

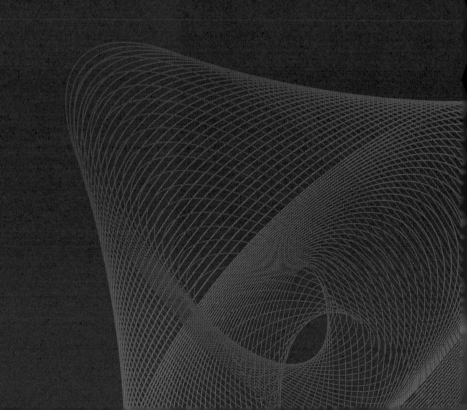

なぜ学ぶのか、学ぶことは、キャリアを拓くためのものである。卒業直後の進路から生涯にわたるキャリアを視野に入れた指導の取組が進み、それはキャリア教育として21世紀の日本の教育の重要なアプローチのひとつとなっている。このキャリア教育の導入にいたった背景として、日本の労働市場の特徴、教育制度の特徴、それらを関連させて検討するとともに、教育と職業との固有の関係の現実を確認したい。本書の中核的な仮説である学術と職業の場を往還する学びと教育の方法が、どのような能力や経験、キャリアの道筋を拓いていくのか、学ぶことの目的・目標を検討する。

　今日の若者の多くにとって、初期キャリア形成のスタートを切るのは第三段階教育を修了した時点からである。卒業後の学修成果という表現であったり、社会人基礎力という産業界からの言葉であったりが飛び交っている。学校の段階で教育の目標はどのように設定されうるのだろうか、どのような枠組みでそれは把握できるのか。

　教育関係者だけで、学術的な観点からだけで組みあわせようとしたり、直接の進路としての職業に必要なものだけでこと足りると考えたりしていいては片手落ちである。法則的な知を探求する学術と、文脈の知を養成する職業との組み合わせこそが次のキャリアを拓く準備となる。この目的・目標論の基礎を押さえておきたい。

第1章

「なぜ学ぶのか」と「どう生きるか、どう働くか」

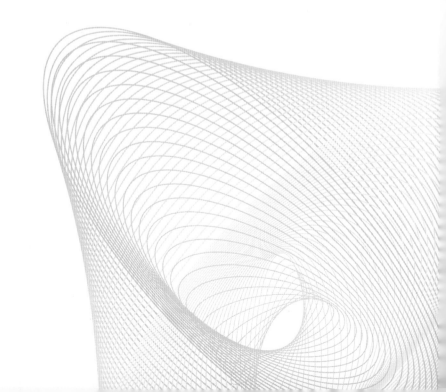

1. なぜ学ぶのか？

　現代日本で、多くの若者が具体的に進路選択を迫られるのは、義務教育後の高校進学や、大学・短大・専門学校等への進学、その先の就職などの選択の時期である。また、彼ら、彼女らは成人への移行期としての青年期にあって、将来に向けてのさまざまな問いを心に抱くだろう。

　青年期は、成人的役割、今日多用される用語でいえば「シティズンシップ」を獲得していくための、執行猶予期間としてのモラトリアムとして位置づけられる。いま、モラトリアムという用語は、一般的に、決定を先延ばしにする若者の後ろ向きな心理的志向性を指して批判的に使われることも多い。しかし、もともとエリクソンなどの発達段階理解においては、アイデンティティの確立と拡散の間を揺れる青年期の本来的な特徴であり、つまりその後の広い人生の可能性に向けてのさまざまな選択をしていくために、いろいろな学習や試行錯誤を行う当然の段階として考えられる。

　本書においては、こうした意味で青年期の「モラトリアム」というものを、進路選択をめぐる主体的な選択のための試行錯誤として、積極的な教育的価値をもつものとして見ていく（渡部編2005）。

　異なる価値を選択するような進路選択へのプレッシャーが生じるとき、「なぜ学ぶのか、何を学ぶのか」という問いも生まれる。「何を学ぶべきか」「何を学ぶのか」という問いは、多くの日本の若者にとって高校段階まで、さほど深刻には意識されない。

　アメリカの文化人類学者のトーマス・ローレンは、選択を学ぶアメリカの高校を念頭に、日本の高校の選択肢のなさ、時間空間の枠の硬さを次のように指摘する（トーマス・ローレン、友田訳、1988）。

　　「日本では社会的に定められた一定の目標や活動があり、ひいては
　　　社会的に是認された役割行動がある。そのために、個人には選択
　　　の余地がほとんど残されていないのである。」（337頁）
　　「アメリカの若者は、ほかの制度のためではなく、自分自身の自己
　　　実現を求めて、自立した自己を創造する開拓者のように旅立って

　いくのである。」(337頁)
　「日本の学校は、型にはまった時間と空間の感覚を生徒に教える。
　　それは、あたかも軍隊のように見える。」(337頁)

　高校段階まで、カリキュラムの選択といえば、芸術系科目など、また
普通科においては学年進行とともに文系・理系や進学先タイプ別に類型
を選択し、関連して理科や地歴・公民の科目を選択することなどに限定
されている。そもそも、公立小・中学校における学校選択制度や大都市
地域での私学の選択肢などはあるとしても、日本の多くの地域で小学校
や中学校について実質的な選択肢はない。高校をみると、学力の一元的
な偏差値尺度が一般化し、高校間の序列格差が歴然と存在する環境の中
で、公立普通科にしても大学区制といいながら選択肢の範囲は、それぞ
れ限られてくる（第3章参照）。
　若者の内に「なぜ学ばなければいけないのか」という問いが浮かぶの
は、その「学ぶこと」自体の意義やその目的的・手段的な価値への疑問
がわいた時、あるいは「学ぶことの困難」や「辛さ」を感じはじめた時、
また相対的に「より楽しいこと」が他に見えてきた時などではないだろ
うか。「なぜ学ぶのか」という問いが発せられると、それは必修科目だ
からとか、受験に必要だからとか、大学での学習の基礎なのだからなど、
将来の社会を知る大人や学校の側で、もっともらしく直截な回答をする
スタイルがとられることも多い。
　学ぶことの現在的な価値ではなく、将来的な価値、将来の進路に関わ
る手段としての学ぶというのであれば、将来の進路がどれほど見通せて
いるのかが大切になる。しかし、現実の高校生たちに、そうした問いを
じっくり構えて問う余裕があるだろうか。まず、眼前にある進路として、
文系や理系などの得意コースを選び、そこで選択可能な進学先を考える。
　現代の若者は、義務教育の9年に加えて高校3年間は准義務化とでも
言うべき状況にあり、その後も7割以上の若者が大学、専門学校などに
進学し、社会に出る前に、日本の若者は平均して14年以上の長い学校
経験を辿る。その途上で、将来の進路への疑問が生じれば、どこかで何

のために「学ぶのか」を問うことになる。学習内容をスラスラ理解し、学習自体に喜びを感じているような若者を除けば、どこかの時点で、「なぜ学ぶのか」という疑問を生じることがあるのではないだろうか。自分の将来には様々な可能性があるとしても、今のこのつらい学習が、果たしてどこかでほんとうに役に立つのかと。

２．明治期の「学問は立身の財本」ストーリー

「なぜ学ぶのか」という生徒の疑問が出されたときに、教員と学校には一般的な回答スタイルがある。「勉強をすれば、将来により大きな可能性が広がるのだから」という、学習によるキャリア可能性拡大の仮説である。

この回答のスタイルが成立したのは、明治の時代に遡る。それまで江戸時代には、多くの職業がその出自によって決まっており、人口の７割以上を占める農民の子供たちが何の疑問もなく農民になっていく。こうした職業、社会的な地位の配分が、いわゆる属性原理によっていた江戸時代の社会通念を打破しようとした明治初期、四民平等が高らかに宣言されるとともに、農民の子弟を含めて、有為の人材を育て社会の適切な役割を与えていくために、近代学校制度は発足する。

明治５年の学制発足時に、学制発布と同時にその序文として『学事奨励に関する被仰出書』が示される。

> 「人々自ら其身を立て、其産を治め、其業を昌にして其生を遂る所以のものは他なし、身を修め智を開き才芸を長ずるによるなり。而て其身を修め智を開き才芸を長ずるは、学にあらざれば能はず」
> 「学問は身を立つるの財本とも云へき者にして、人たるもの誰か学はすして可ならんや。」
> 「自今以降、一般の人民華士族農工商及び婦女子必ず邑に不学の戸なく、家に不学の人なからしめんことを期す。」

と、高らかに教育と人材養成に関する宣言をしている。すべての人が学

問、教育へ向かう社会的な必要が提起され、教育が「立身の財本」になるというのは、経済学のいうところの人的資本の考え方を先取りしているともいえるものである。

そして、社会階層や性別まで含めた教育の機会に言及されているという点で、四民平等の宣言とあわせて、教育機会の概念が形成されていく源流と位置づけることができる。少なくとも国の政策レベルで、この時期に教育をうけるべき価値および規範が示されたことは、その後の社会発展に関わって、十分に注目されるところである。

この学校教育奨励の宣言においてもうひとつ興味深いことは、「学問の本質」が「立身の財本」であると理解されていることである。このことは、先の文章に続く、「何を学ぶのか」という点に関する文章にも示されている。

> 「詞章記誦の末に趨り空理虚談の途に陥り其論高尚に似たりといえども之を身に行い施すこと能ざるもの少なからず。是すなはち沿襲の習弊にして文明普からず才芸の長ぜずして貧乏破産喪家の徒多きゆゑんなり」

社会に出て、立身を遂げることに資する、その意味で「身に行い、施す」ことのできない空論を振りかざすことを強く否定しており、職業のキャリアを拓く教育がこの学事奨励の対象となる「学問」[注1] ということになる。

明治の時代、社会移動に果たす教育の役割については、いろいろな物語が登場しているが、そのひとつとして、城山三郎が『落日燃ゆ』で描く、広田弘毅の事例がある。彼は、この明治期の「学問は立身の財本」という思潮が広がっていく途上で、石工の家族に産まれ、学問を通して立身を遂げていく。福岡天神にある水鏡天満宮の扁額は、石工の父親徳平が字の上手な自慢の息子丈太郎（後の弘毅）の書をもとに彫ったものだという。そして、彼の中学校進学を可能にしたのは、「上の学校に行けば彼はもっと字が上手になり、立派な石工になれる」という教師や友人らによる父親への説得だった。その後、父の許可を得て彼は中学に進

み、さらに一高、東大を卒業して外務官僚となり、首相まで出世することになる。教育を通して質の高い石工になることもできれば総理大臣になることもできるというストーリーが示されていた。もちろん、ついぞ父親の石工の仕事を継ぐことはなかったのであるが。

　明治の時代には、こうした教育奨励政策と関わりながら、1871年に翻訳刊行された中村正直の『西国立志編』が明治末までに100万部を売り出す大ベストセラーになったり、福沢諭吉が1872年から『学問のすすめ』を論じたり、さらに1902年から刊行された雑誌『成功』が立身出世物語を取りあげて発行部数1万をこえたりと、刻苦勉励を通しての社会的な成功へという社会移動の物語が増幅されていく。こうした社会的潮流のもとで、日本の学校教育は下級学校段階から上構型での急速な普及が進んでいく。広田弘毅もそうした成功物語の一つとなっていくのである。

　この明治の時代を、「なぜ学ぶのか」を「どう生きるか」とむすびつけて考えることができたとき、あるいは、より高度な学問をすることでより広い可能性を拓くのだと、単純に思われがちである。確かに、ある段階までは、学問はいろいろな応用可能性を持つものであり、いろいろなキャリアに役立つはずである。

３．見えない未来の仕事への学習の方向は？
３．１．AI と失われる仕事・未知の仕事

　さて、この「勉学を極めればより広い可能性がある」という仮説を、現代にあてはめて考えてみよう。いま、仕事の未来予測として、特にAI（人工知能：artificial inteligence）の進展が注目され、欧州から発する第4次産業革命や、日本発の「モノのインターネット（IOT）」や「Society5.0」など奇抜さを競うさまざまな未来社会論が論じられている。米国の雇用データから702職種のコンピュータやAIの進展による影響を推計した、フレイとオズボーン（2013）は、『雇用の未来—コンピュータ化によって仕事は失われるのか』と訳されている論文の中で、「今後10〜20年程度で、米国の総雇用者の約47%の仕事が自動化されるリス

クが高い」という結論に至っている。

　また、日本でも野村総合研究所（2015）が、同じ手法を用いて601職種を分析して、日本の現在の仕事のAIなどの自動化による代替率が49％となると推計している。

　そうなれば、なおのこと、勉強は特定の仕事を想定するのではなく、何よりも将来のいろいろな仕事への可能性を拡げていくものでなければならないと考えるのは自然な対応にもみえる。あるいは、「教養」というマジック・タームが魅力的にみえるわけである。

３．２．平成期に消えた職業や新たに登場した職業とそのための準備

　これから登場する未知の仕事の予測は他書に任せることとして、ここでは、これまでに消えた職業と、新たに登場した職業について確認し、またその職業への人材の養成や育成が、どのように展開したのか、考えてみることにしよう。

　「平成に消えた職業と新たに生まれた職業」として、中島（2019）は、1990（平成2）年と2015（平成27）年の国勢調査職業分類を小分類およびその例示まで調べて、両者の異同を検討している。

　これをみると、まず消えた小分類として、「速記者、タイピスト、ワードプロセッサ」、「キーパンチャー」、「芸者、ダンサー」、「電気・ディーゼル機関士」の4つの小分類があげられている。また、この他に職業例示名として、速記者、タイピスト、速記者学校講師、タイピスト学校講師、声色師、奇術師、あやつり人形使い、腹話術師、ポードピリアン、曲芸師、キャバレーのレジスター係、預貯金集金人、保険料集金人、場立人、才取人、注文取り、呼売人、ミシン販売員、絹織物買継人、牛馬仲介人、雑穀仲介人、電話売貫仲介人、書生、留守番が分類から削除されたという。

　ワープロ、ITの発達にともなって、情報処理分野での比較的基礎的なレベルの職業が消えていったことが分かる。しかし、その近くの分野に新たな職業が生まれることも想像に難くない。

　平成の間に生まれた職業としては、同じく中島（2019）によれば、ひ

とつの方向として、IT系、心理職系、金融系など、産業分野が拡大し業務内容が変化したことによる新しい職業群があるという。まず、IT系としては、1985年には「情報技術者」の小分類だったものが、「システムコンサルタント・設計者」「ソフトウェア作成者」「その他の情報処理・通信技術者」の3区分に大別されている（日本標準職業分類では、小分類レベルでさらに細分化されている）。あらたに情報ストラテジスト、システムコンサルタント、ビジネストラテジスト、ISアナリスト、ITサービスマネージャ、システム保守技術者、サーバー管理者、情報セキュリティ技術者、情報処理プロジェクトマネージャの例示がなされている。

　IT系の仕事については、経済産業省と情報処理機構（IPA）が開発するITスキル標準（ITSS）があり、11職種35専門分野7レベルで求められる要素的な知識・技能を提示している。国勢調査にでてくる職業についての現実の人材像の能力要件をその組み合わせとして理解することができる。新たな人材の認定と、そこにむけての次のキャリアパスの可視化が進められている。こうして、大学・専門学校等の各教育プログラムにおいては、むしろその基礎的なレベルを教育プログラムに導入することが容易になり、就業後の多様なキャリアパスの広がりに応じる基礎づくりとして専門的な対応をしようとしている。この仕事の世界の展開スピードは急速であり、教育サイドが必ずしも適切に追いつけるとは限らない。しかし、そうしたキャリアパスの広がりを前提としつつ、一定の時間差で対応する専門プログラム形成がなされていることは確認しておくべきところである。

　また、心理職系職業の拡大もある。小分類の独立はないものの、「その他の保健医療従事者」の例示職業名として、心理カウンセラー（医療施設）が示され、「その他の社会福祉専門職業従事者」には心理カウンセラー（福祉）が、さらに「他に分類されない専門的職業」に心理カウンセラー（医療・福祉以外）、学校心理士などと、3つの小分類に例示がされるようになっている。さらに、金融・保険系については、「その他の経営・金融・保険専門職業従事者」の小分類の例示職業として、金融商品開発

者、金融ストラテジスト、保険商品開発者が掲載されている。

　また、テクニカルライター、苦情受付事務員（電話以外によるもの）、調査員（統計調査員、世論調査員、市場調査員）、リサイクルショップ店主、リサイクルショップ店員、ハウスクリーニング、ネイリスト、レンタカーカウンター係員、ボディガード、刑事施設警備員、自動販売機商品補充員なども例示職業として取りあげられている。

　これらについて、中島（2019）は、節約志向や高齢化、核家族化といった社会背景に伴う消費者ニーズの変化による新しい職業の誕生があり、「新たに誕生した職業」の特徴として、「コンサルや企画、戦略といったいわゆる知識集約型が多い」という傾向を指摘している。

3.3. IT分野を事例に、専門人材の養成と能力開発・転換

　さて、ここであらためて、まだ存在しない職業への準備とは何か、IT分野を取りあげ、これまでの職業の展開と教育との関連を考えてみたい。

　前述したように、平成の時代には、IT分野などのさまざまな職業が拡大してきた。これに、学校や若者はどのように対応してきたのだろうか。これまでにもさまざまの技術革新の下で、多くの職業が消え、また登場してきた。その過程で、多くの職業技能が無用のものとなるけれども、新しく登場する職業には、既存の職業で働いていた人々がそれまで培ってきた知識・技能をもとに、それらを転用しつつ新たに必要とされる知識・技能を形成してきたのではないだろうか。

　その例が情報処理技術者である。21世紀に入り、IT（あるいはICT）の発達とともに、情報処理技術者が増加してきたが、それは大学・専門学校等の養成課程の規模拡大に先んじ、それを上回るスピードだった。表1-1にコーホート単位での推計を示すとおり、1990年代始めの情報処理系分野では、大学・短大・高専・専門学校から毎年4.5万人程度が卒業し、3.7万人が情報処理技術者として就職していたと考えられる（学校基本調査各年版より）。2000年代に入ってからは、卒業者数（養成数）が減少しているが、特に専門学校で情報処理系の「消えていく職業」となるプログラマーなどの養成課程が減少していたことが、その大きな要

素となっている。

　情報処理分野の新規学卒者の多くは、旧来の職業に向けた教育を受け情報技術者として就職したものの、その後に大きなIT産業の拡大と新たな職業的役割への専門分化というイノベーションに直面したわけである。

　IT分野では、就業者中の年間離職率は10%程度とみられており、20歳代前半から後半にかけて、各年齢コーホートで多くの離職と新規参入が生じていたと想定できる。単純な増減でみても、2000年以後は、20歳代後半に各コーホートで数千人規模の情報技術者の増加が見られることになる（国勢調査各年版）。

　ここでは、そうしたイノベーションに対応できなかった情報処理技術者がその現場から退出している場合もあろうから、より多くの新たな人材が、新たな情報処理の仕事を担うようになっていたと考えられる。就業構造基本調査によれば、大分類レベルで専門的・技術的職業からの転職者の3分の2が他の職業へ転職している。ここから、毎年10%程度転職する情報処理技術者の場合にこれを同様に当てはめてみると、20歳代の5年間に就業者総数が変化しなかったとしても、異動せず同じ職に留まった者が7割弱、同じ専門的技術的職業分野からの異動による参入者が2割強、他の職業からの移動による参入が1割強と推計される。

〔表1-1〕情報処理技術者の養成数と就業者数

学校基本調査各年版（卒業後の状況等）	情報処理系新卒者数平均（大学・大学院・高専・短大・専門学校）	うち関連分野の就職者数の推計	国勢調査・小分類「情報処理技術者」および対応小分類の年齢区分別就業者数	年齢コーホートの就業者数推計			
				20-24歳層	25-29歳層	30-34歳層	35-39歳層
			1985年調査	37,407			
1985-1990年	44,895	37,101	1990年調査	57,557	37,097		
			1995年調査	33,996	37,317	30,108	
1995-2000年	33,154	23,232	2000年調査	36,206	36,911	36,964	29,610
			2005年調査	21,860	35,197	34,499	31,953
			2010年調査	23,216	29,122	35,006	33,096
			2015年調査	21,864	25,108	30,650	36,056

他分野の技術職への転換可能性について、メーカー技術開発関係者に聞いてみると、新たな職業への技術者育成や現場での能力開発による職場配置転換はむしろ日常的であり、他分野の理工系人材が活用されており、財界トップがしばしば期待するような教養人材がこうした場合に活用されることはないという。

　これまでの職業変動をみても、今後のAIによる未知の職業創出などの展開があるとしても、どこかに関連する領域での職業への準備なしに、単に教養を高めておけば職業の転換に対応できると想像するのは難しいことは明らかであろう。

4．専門の探究と進路・キャリア

　本書の冒頭にあたって、いくつかのエピソードや統計を交えて、「なぜ学ぶのか」、「何を学ぶのか」という問いに答えるには、「どう生きるか」、「どう働くか」という問いを連動させて答えていくことが有効であることを確認した。

　「どう生きるか、どう働くか」、これは若い人たちだけでなく、今日、社会の誰にもその未来は見えていないのかもしれない。そのとき、何を学ぶのだろうか、教育は何を提供するのだろうか。

　いま勉強しておけばその先にたくさんの可能性があるという答えは、問いの先送りにすぎない。確かに、「より高度な学問を通してより可能性を広げる」という仮説そのものには一定の合理性もある。

　しかし、もし高度な学問を修めたら、例えば高度な数学を身に着けた人は、基礎的な算数を使うだけの仕事もできるはずだが、実際にはそうした仕事は選択肢にならない。帝国大学を出た広田弘毅に対して、上手な筆使いができるからといって、父親と同じ石工の仕事を勧めた人はいなかっただろう。むしろ、高度な学問を極めた人には、しかるべき高度な仕事があると考えるのが自然である。だから、高度な学問を学べば、それにふさわしい仕事、キャリアの可能性は広がるというよりも、むしろ、一定範囲で可能性が絞りこまれるとみるべきなのである。

　この絞り込みのリスクを考えて、次に、未来が見通せないから教養を

身につけておくという考え方もある。これに対して、デューイは、「初期の職業準備の教育をすべて直接的であるよりも間接的なものにすること」（デューイ（1916）、訳書176頁）と提唱している。ここで、重要なのは、教育が、そもそも、そこで「働くために学ぶ」という未来に向かう態度を育てることである。大学人、あるいは年長の経済界リーダーの期待する「教養」がどのようなものであるのか、あまり確たる回答もないようにみえる。

　学校では広くかつ高度な学問を修め、社会に出てからその知識・技能の現場での応用を身につけるという、学術を先に、実践は後にという、日本の教育と訓練の分離の思想がある。これは、18歳での社会的な選抜に日本全体が参加していくことを促し、その正当性を補強する、そういう思想として働いている。本書では、まず、そこから少し距離を置き、視野をひろげて議論をしていきたい。

　21世紀にその需要が拡大したIT技術者は、もちろん専門分野の教育からの供給だけで需要を満たすことはできず、他の専門分野から、職場内での養成によって専門的な能力形成が行われている。となれば、上級学校進学を控えた段階での高校生に対して、卒業時の一定の選択を通して将来の進路と職業の範囲が定まることについての理解が不可欠なのである。進学先の選択だけでなく、その進学先を選択したときに、その先にどんな仕事が待ち構えており、また自らどんなキャリアを歩もうとするのかを考えさせることなのである。

　かつての進路指導が、いわゆる偏差値による出口指導として批判されてきた時代を経て、進学や就職の先のキャリアまでを想定した教育として、キャリア教育が提唱され、推進されているのもこうした意味からである。

　「なぜ学ぶのか」という問いは、それをそれぞれの学習の次の目標に対する手段としてだけでなく、むしろ「どう生きるか、どう働くか」という生涯にわたる問いと密接につながるものであり、後者の「キャリア」という軸で、これからの学習と教育を考えていくことにしたい。

【注】

(1) いま、大学教育の学位プログラムを「学問の本質」に沿って整序しようという考え方が『2040 年に向けた高等教育のグランドデザイン』(中教審答申 2018) で出されている。しかし、ここでの「学問の本質」ということはそれほど自明のことだろうか。学問を教育から見るのか、学術研究からみるのか観点を再考していく必要もあろう。

第2章

キャリア教育の
日本的展開

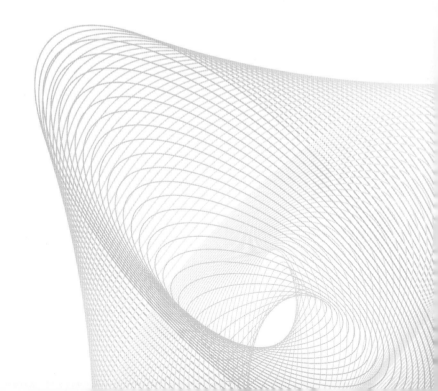

1．職業とキャリア、その形成・発達

1．1．なぜ働くのか？、どう働くのか

　「学ぶこと」の先には「生きることと、働くこと」がある。第1章では、その関係性を展望した学びが重要であることを考えた。それでは、「なぜ働くのか」、また「どう働くのか」。第2章では「働くこと」について、広義に「仕事（work）」から「キャリア」へと概念を広げ、キャリア教育の日本的展開をみていきたい。

　かつて職業社会学を論じた尾高（1941）は、「職業」の3要素として「個性の発揮」「役割の実現」「生計の維持」をあげている。これは、職業の個人性、社会性、経済性という簡潔な表現もできるため、今日でも教育指導に適した仕事の概念でもある。その後、杉村（1990）は『脱近代の労働観』の中で、「労働」の意味を、目的性と手段性、個人性と社会性という2つの軸を組み合わせて、4類型をつくり、「貢献」「自己実現」「労苦」「役割」としている。「個性の発揮」が「自己実現」に、「役割の実現」が「貢献」と「役割」に、そして「生計の維持」が「労苦」にと、一定の対応関係を読み取ることができ、尾高（1941）を概念的に整理したともいえよう[注1]。

1．2．職業と産業

　仕事に関わる用語は、各国の言葉でさまざまにある。まず職業（occupation）から始めよう。職業を定義しておくと、それは社会的分業のもとで、財やサービスを生産・提供するための個人の継続的活動であり、個人はそうした活動によって、収入を得て生計の維持を計り、社会的地位や評価を獲得し、職能を発達させ自己実現の達成を図ることができる。社会にとっては、その存続・発展のためにそうした生産活動を諸個人に配分し、所得を分配する場となっている。それ故、職業とは、社会的分業の発達した社会において、個人を社会と結びつける主要な役割ということもできる。

　職業の分類として、第1章でも扱った日本標準職業分類がある。そこでは、「職業とは、個人が行う仕事で、報酬を伴うか又は報酬を目的とするもの」と簡潔に表現する。具体的な職業の分類として、管理的職業、

専門的・技術的職業、事務、販売、サービス職業、保安職業、農林漁業、生産工程、輸送・機械運転、建設・採掘、運搬・清掃・包装等の11の職業大分類が用意され、実際これで分類できない場合には、分類不能の職業という統計上のカテゴリーが用意され、その下位に中分類74、小分類329がある。

　ここで、職業に類する、個人の社会的機能を示す類似の用語も確認しておこう。職業以外に、個々の細分化された具体的活動を示す「仕事・職務job」、仕事の使命感を示す「天職calling」（ドイツ語の「Beruf」）、「職業vocation」、高度な専門知識と倫理性を持つ「専門的職業profession」など、われわれは日常的にさまざまな用語を使っている。日本語の「職業」という言葉について、中世制度で早くから用いられている社会的な地位とその専門的な職能を指す「職（しき）」と、生業（なりわい）、生計の維持にかかわる「業」とからなっているとされており、最も広範囲に用いられる総合的な概念である。

　また、職業と関連する重要な基本概念として、これを社会の単位で扱う用語が産業である日本標準産業分類では、財やサービスの生産と供給において類似した経済活動が統合的に営まれる場として、事業所の総合体である「産業」の概念がある。そこで職業構造とは、個人の就業上の社会的機能としての職業が、さまざまな技能、経済的機能、社会的地位のレベルにおいて社会で分布している関係構造を指すことと理解できる。そして、それは産業構造や雇用構造と密接に関連したものとして展開しているのである。

1.3. 職業という用語の中にこめられた天国と地獄

　「職業」については、日本のキャリア教育において、しばしば「職業観・勤労観」と常にセットになって論じられている。しかし、この両者の違いには、少しこだわっておく必要がある。勤労観という言葉を用いるとき、知らず知らずのうちに、「従順な労働者性」を含意していることがある。職業は、現実の生産関係のもとで展開しており、ここに注目すると「労働」として把握できる。

前述の杉村（1990）が「労働観」に「労苦」という類型を示しているのはそうした意味で適切と思われる。象徴的にいえば、職業という言葉は、天国から地獄まで通じる。マックス・ウェーバーは、ドイツ語系の職業（Beruf、英語では calling）という言葉の中に、神が天命として与えた仕事、つまり職業＝天職という語感があり、その起源がプロテスタンティズムの宗教に基づくものであり、西欧の近代化の過程で資本主義の精神とつながっていったと論じている。

　他方で、フランス語の職業として、労働（travail）の語は、tripalium というラテン語に由来しているとされる。tripalium とは三本の杭をクロスさせ、拷問する道具とのことなのだそうだが、そこからの派生語として労働という言葉が生まれている。つまり、働くことを労苦と捉えるヨーロッパの伝統的な労働観につながっているのである。

　ちなみに、そのフランス語の travail から英語の同綴りの travail（苦労）が生まれ、さらに travel（旅）へと派生している。だから職業というのは、旅でもあり苦労でもあり、というニュアンスをもった世界がある。

　労働のコンセプトを巡っては、ドーア（2005、4頁）が、ILO 創設にかかるベルサイユ条約「国際労働条項」に注目を喚起している。その宣言では「多くの人びとに不正義、困苦、貧困をもたらす労働の条件が存在し、それによって引き起こされる紛争がしばしば世界の平和と調和を危うくする」という。いささか大仰にみえる表現であるが、何のために戦争をするかよく分からない第一次戦争が世界中を巻き込んだという真摯な反省の言葉であり、仕事と社会への関わり方を考えていく際に、傾聴すべきであろう。

1．4．仕事からキャリアへ

　若者は学校を経て、そうした仕事（work）の場にさまざまな価値観をもって出ていく。教育の側からみると、卒業後の就職の先に生涯にわたって、仕事への関わりが生じる。今日、こうした「生きること、働くこと」をまとめて「キャリア career」という言葉で呼ぶようになってきた。21世紀に入りキャリア教育が提唱され、教育の各段階で課題となった際に、

「キャリア」は、次のように定義されている、

　　　「キャリアとは、個々人が生涯にわたって遂行する様々な立場や役
　　　割の連鎖及びその過程における自己と働くこととの関係付けや価
　　　値付けの累積」(『若者自立・挑戦プラン』(2003))。

　また、その後の2011年の中央教育審議会「キャリア教育・職業教育
答申」でも、キャリアについて同様の定義をしている。

　　　人が、生涯の中で様々な役割を果たす過程で、自らの役割の価値や
　　　自分と役割との関係を見いだしていく連なりや積み重ね

は一般的な定義ともみえるが、ここには、「キャリア」を扱ってきたそ
れまでの進路指導 (career guidance) に対する深い見直しが込められてい
る。
　つまり、教育の段階において考慮・展望すべき「立場や役割」を、(1)
学校卒業後の進学や就職という一時点に限定せず「生涯にわたって」と
し、また (2) 報酬を得る仕事や「立身の財本」という経済的価値に限定
せず「さまざまな」という広範囲の仮定をしているところに重要なポイ
ントがある。さらには、(3)「立場や役割」の価値や、そこに自分を関係
付けること、そして (4) それらの連なり、累積としての定義がなされて
いる。端的に言えば、「生涯」にわたる「役割経験」と「そこへの価値づけ」
の累積が「キャリア」と理解することができよう。
　「学ぶこと」の先には、進学や就職といった学校の出口における進路
とともに、その進路の先に、職業や社会的な立場や役割の経験と、職業
や社会的な立場や役割への関わりや価値観、この両者の積み重ねがキャ
リアである。ひとつひとつ経験を積み、それが一定の価値観と結びつき、
次の経験へと導き、そしてキャリアが形成されていく。
　こうしたキャリアとキャリア教育の考え方は、前述の「キャリア」の
定義にあるように、偏差値や学校の成績でどこの会社に入れというよう

な、出口だけが過剰に強調されるようなことはやめて、もう少し生涯に
わたる長い視野で見ようということである。

1.5. ライフ・キャリア・レインボーとキャリアの構築論

　また、「様々な立場や役割」には「○○技術者」とか「教員」、「販売店員」
というような職業上の役割もあれば、「子ども」「親」「配偶者」といった
家庭的役割もある。また子どもの役割といっても、それはライフコース
のさまざまな時点で、具体的な役割行動としては全く違ったものが求め
られる。つまり、役割というのは何層もあって、それぞれが時とともに
変化していくという、スーパー(1957)の提唱した「ライフ・キャリア・
レインボー」の考え方がその基本にある（図2-1）。そうした「様々な立
場や役割の連鎖」、それを主体的に計画し、選択していく、そのために
必要な能力や意欲・態度を行てる教育ということになる。
　アメリカのキャリア教育の研究系譜を辿っていくと、スーパーのライ

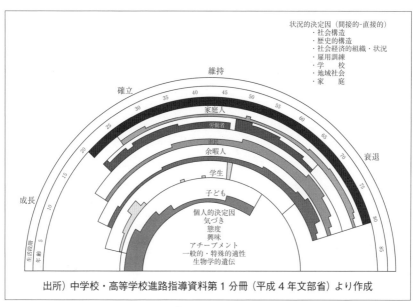

出所）中学校・高等学校進路指導資料第1分冊（平成4年文部省）より作成

〔図2-1〕スーパーの「ライフ・キャリア・レインボー」

フキャリアの重層性とともに、それら各層の役割を通底するそれぞれの価値観の形成・展開が課題となる。職業社会学でいう「生きがい」「役割」「生計の維持」もまた、価値観の選択対象である。キャリア教育に関わって、職業固有の価値志向と個人の価値観との適合性を探究していったのが、ホランド（1997＝訳2013）の職業興味と適性の理論である。

　そこでは、職業の特性を、「R 現実的」、「I 革新的」、「A 芸術的」、「S 社会的」、「E 起業的」、「C 慣習的」の６次元、六角形（しばしば RIASEC と表現される）に分類・配置し、一方で職業の特性をそれらの組み合わせで位置付けると同時に、個々人の価値観をそれらの次元に応じた職業への興味の検査ツールによって把握し、そうした価値観・志向性と職業とを対応させる適性理論が発達していくものである。これは、職業興味検査として現在の日本でも広く用いられている。

　こうしてみると、スーパーのライフ・キャリア・レインボーは、その重層性と多様性において若年者が自分のキャリアを描いていく中で参考にできる考え方となり、ホランドの、それぞれの役割に固有の価値観を当てはめることで、適性論、職業適性に基づく進路指導の展開へとつながっていく。しかし、このキャリア発達理論の持つ限界、つまり、特定の発達モデルとその経時的発生を前提としていることへの問題も多く指摘されるようになっていく。

　そうした点でのアメリカのキャリア教育にかかる理論的展開の代表的なものとして、クランボルツの「プランド・ハプンスタンス（Planned Happenstance）」論、サビカス（2011）の「キャリア構築論」があり、多くの解説もあるので、ここでは簡単にその紹介をしておこう。

　クランボルツは、キャリアを発達課題や適性に応じて、あらかじめ詳細な設計をすることの不適切さを指摘する。個人のキャリアは、その８割が「予期しない偶然の出来事」によって形成されていることを明らかにし、そのための多少「前広に」用意をするという考え方を示している。

　さらに、そうした議論の発展として、キャリア「発達」というモデルの規範性を批判する理論の代表がサビカス（2011）のキャリア・カウンセリングの基盤となるキャリア構築論である。サビカスは、スーパーの

キャリア発達というものが、年長世代のキャリアモデルを参照しながら、キャリアのスタート前に描いてみても、それは現実に多く実現されることもなく、その意味で発達課題論の限界が露呈されると批判する。その根拠として、アメリカ人の離職率の高さなどが挙げられている[注2]。

1.6. ライフの再生産としての教育

　学問を遡及するのはいかがなものかとも思いながら、20世紀後半のスーパーのライフ・キャリア・レインボーにみるキャリア発達論から、その後21世紀にいたるクランボルツのプランド・ハップンスタンス、サビカスのキャリア構築論までのキャリア教育論を辿ってみると、それらが20世紀はじめのデューイ（1916）の、『民主主義と教育』の冒頭で述べた「ライフ（生命・生活）に必要なものとしての教育」の教育学議論に内包されるようにも思う。

　　生存を続けようと努力することは生命（ライフ）の本質そのものである。この存続は不断の更新によってのみ確保されうるのであるから、生活（ライフ）は自己更新の過程である。教育と社会的生命（ソーシャル・ライフ）おの関係は、栄養摂取や生殖と生理的生命との関係に等しい。この教育は、まず第1に通信（コミュニケーション）による伝達にある。通信とは経験が皆の共有の所有物になるまで経験を分かちあって行く過程である。通信はその過程に参加する双方の当事者の成功を修正する（訳書 上 22-23 頁）。

　　制度的な教授や訓練の範囲が拡大するにつれて、直接的な共同生活において獲得される経験と学校において獲得されるものとの間の好ましからざる裂け目が生み出される危険が生ずる。この危険は、この2、3世紀の間における知識および技術の専門的な様式の急速な進歩ゆえに、今日、これまでになく大きなものとなっているのである（同 23 頁）。

　後述のように、いまの日本のキャリア教育は、領域の特定性を放棄し

つつある。活動の具体性をあいまいにし、なにがキャリア教育の中核的な取組であるのかを問わないようになってきている。アメリカの理論をもとに、キャリアの発達課題といい、あるいはキャリアが予測不能であり、自分の物語を構築すべきだというポストモダンの思考にそった議論を補強的に使っていくとしても、キャリア教育が教育そのものであるとまで言いかねないキャリア教育論は、教育からキャリアへと繋ぐ視点を欠落した「万能」アクティブ・ラーニング論と同様に、教育について何も語らなくなるのではないかと危惧もしている。

1.7. 職業的「アスピレーション」の過熱と冷却

　社会学では、社会的地位・役割で職業やキャリアに向かう指向性を「アスピレーション」とよぶ。

　本書で「キャリア」として扱うのは、前章で強調した「学問は立身の財本」であったり成功への途であったりといったような、頂点への道筋だけを指すものではない。キャリア教育に対する皮相的な批判として、「それが勝ち組に幸福の神義論を提供する」というものがある。いわゆる「キャリア組」を想起させる競争的な原理として「キャリア教育」が批判される。さらに、獲得が求められる能力等を市場価値で設定し、キャリアの自己選択と自己責任を強調していくことへの批判は、より本質的である。

　とすれば、夢破れ、あるいは思わぬ転身を経験しつつ、あらゆる人が辿っていく人生の軌跡も、自らキャリアのストーリーを描く素材であり、またキャリアである。少数者の成功への途は、成功への目標の社会や家族の期待や自分自身の「アスピレーション」の高まりの中で生まれ、それはその周りで展開する数多くのキャリアの挫折の上に築かれている。田中（2002）が近代化と教育に関わって描く、近代日本の夢と挫折に寄り添う文芸や歌謡の数々も、そのような成功物語の裏側にその数百万倍の同情、憐憫に値する物語があることを描いている。

　こうしたキャリアの展開も全て包含し、見通しながら、生涯を通して「アスピレーション」、価値観の軌道を修正していく過程も含めて、本書

においては、キャリア形成（発達）としてキャリア教育の視野に入っていくべきものと考えている。

このことは、アメリカの社会学者マートン（1957）も指摘している。アメリカン・ドリームという目標が過剰に強調される結果として、その手段を持たない人々が「革新」という逸脱行動に向かうという、アメリカ社会のアノミーとは異なる姿が描かれる。それは、「成功者」を「酸っぱいブドウ」と無視していく「儀礼主義」でもなく、確かに社会が適切としている手段＝教育を通しての立身とそして出世という基本的な原理を承認しつつ、その競争から少しずつ遅れていきながら、同情すべき敗者を語ることで自らもカタルシスを得るという構造を持っていたのであろう。

本章では、この「キャリア」の把握の仕方、そして21世紀に登場し広がってきた「キャリア教育」の考え方を確認し、その登場の背景となった日本の20世紀型の教育と社会との関わり、進路選択のあり方についてふり返ってみたい。

2．日本におけるキャリア教育の登場
2．1．新しく発見されたキャリア教育

あたらしく発見（？）された「キャリア」を育むための教育が「キャリア教育」である。日本の「キャリア教育」は、20世紀末から政策的に導入され急速に広がった。今日広く使われている定義は、1999年の中央教育審議会答申「初等中等教育と高等教育との接続の改善について」、そして2011年の中央教育審議会「キャリア教育・職業教育答申」によるものであり、以下のように表現される。

　　一人一人の社会的・職業的自立に向け、必要な基盤となる能力や態
　　度を育てることを通して、キャリア発達を促す教育

この「キャリア教育」の導入から普及の初期に課題となっていたのは、就職等の進路の困難やそれに対する指導を教育プログラムの中にきちん

と位置づけることである。就職のためのシステムが崩れてきて、学校から職業への移行がうまくいかないからキャリア教育が必要だという議論が一方にあった。

　1947年に制定された教育基本法は、「教育の目的」を第一条で「人格の完成を目指し、平和で民主的な国家及び社会の形成者として必要な資質を備えた心身ともに健康な国民の育成を期す」と定め、戦後の教育制度展開の基本理念として、その方向性を指し示してきた。2006年の同法改訂においては、これに第2条として「教育の目標」が具体的に示されることになった。

1　幅広い知識と教養を身に付け、真理を求める態度を養い、豊かな情操と道徳心を培うとともに、健やかな身体を養うこと。

2　個人の価値を尊重して、その能力を伸ばし、創造性を培い、自主及び自律の精神を養うとともに　職業及び生活との関連を重視し、勤労を重んずる態度を養うこと。

3　正義と責任、男女の平等、自他の敬愛と協力を重んずるとともに、公共の精神に基づき、主体的に社会の形成に参画し、その発展に寄与する態度を養うこと。

4　生命を尊び、自然を大切にし、環境の保全に寄与する態度を養うこと。

5　伝統と文化を尊重し、それらをはぐくんできた我が国と郷土を愛するとともに、他国を尊重し、国際社会の平和と発展に寄与する態度を養うこと。

２．２．学習指導要領（2018年告示）の前文とキャリア教育

　21世紀の教育改革のキーワードのひとつは、キャリア教育に集約される。2017年告示の小学校・中学校の学習指導要領、2018年告示の高等学校の学習指導要領においても、今回新たに加えられた前文は、次のように言う。

これからの学校には、こうした教育の目的及び目標（教育基本法第１条第２条）の達成を目指しつつ、一人一人の生徒が、自分のよさや可能性を認識するとともに、あらゆる他者を価値のある存在として尊重し、多様な人々と協働しながら様々な社会的変化を乗り越え、豊かな人生を切り拓き、持続可能な社会の創り手となることができるようにすることが求められる。このために必要な教育の在り方を具体化するのが、各学校において教育の内容等を組織的かつ計画的に組み立てた教育課程である。

　ここにはキャリア教育の主旨が全面的に取り入れられている。すなわち、自己の良さや可能性を認識する「自己理解・自己管理能力」、あらゆる他者を価値ある存在として尊重し多様な人々と協働するとともに、持続可能な社会の創り手となる「人間関係形成・社会形成能力」、さまざまな社会変化を乗り越える「課題対応能力」、豊かな人生を切り拓く「キャリアプランニング能力」というように、中教審 2011 年「キャリア教育・職業教育」で示されたキャリア教育が育成目標とする「4 つの基礎的・汎用的能力」がちりばめられていると読むことができる。

２.３. キャリア教育の目指す４つの基礎的・汎用的能力とその原型となった職業観・勤労観にかかる４領域８能力

　この中教審（2011）の、基礎的・汎用的能力は、21 世紀に入って議論されてきた「望ましい職業観・勤労観」を育むための能力として検討されてきた、いわゆる４領域・８能力の例示を再考したものである。「キャリア教育」の背景については後ほど詳述するが、それはまず初等中等教育の進路指導の見直しとして始まった。進学指導や就職指導が、卒業直後の出口だけに焦点をあてていたことに対する改善を優先的な課題として、「総合的な学習の時間」や各教科の取り組みにも共通の趣旨が拡がった。2000 年代初頭の中学・高校の進路指導領域では、各「望ましい職業観・勤労観」育成のために必要な能力の例示として４領域・８能力が提示され、進路指導ならびに各教科の教育にそうした目標を組み込む

ことについて都道府県を通した研究指定校制度等を通して、研究普及されてきた。

　国立教育政策研究所（2002）においては、小・中・高等学校の各段階における職業的（進路）発達課題を検討・整理し、職業観・勤労観を育むために基礎となる能力として、以下のように 4 領域各 2 つずつ計 8 能力を例示したのである。

> (1) 人間関係形成能力：自他の理解能力／コミュニケーション能力
> (2) 情報活用能力：情報検索・収集能力／職業理解能力
> (3) 将来設計能力：役割把握・認識能力／計画実行能力
> (4) 意思決定能力：選択能力／課題解決能力

　その後の、中教審（2011）では、文部科学省（2011, 2012）の『キャリア教育の手引』で解説するように、上述の「職業観・勤労観」にかかる 4 領域・8 能力をもとにして、一定の対応関係で、次の 4 つの「基礎的・汎用的能力」の提示に至っている。

> (1) 自己理解・自己管理能力
> (2) 人間関係形成・社会形成能力
> (3) 課題対応能力
> (4) キャリアプランニング能力

　最終的には、この「基礎的・汎用的能力」に加えて、「意欲・態度及び価値観」、「基礎的・基本的な知識・技能」、「専門的な知識・技能、論理的思考力」、「創造力」という諸次元にわたる能力の構造を示している。

2. 4. キャリア教育の背景として語られていること―自立と移行の困難―

　文部科学省（2011）『キャリア教育の手引き』には、キャリア教育導入の背景として次のような点を挙げる（文部科学省、2011 年、10 頁）。

```
┌─ 学校から社会への移行をめぐる課題 ──────────
│ ①社会環境の変化（新規学卒者に対する求人状況の変化、求職希望者
│  と求人希望との不適合の拡大、雇用システムの変化）
│ ②若者自身の資質等をめぐる課題（勤労観、職業観の未熟さと確立の
│  遅れ、社会人、職業人としての基礎的資質・能力の発達の遅れ、社
│  会の一員としての経験不足と社会人としての意識の未発達傾向）
│ 子どもたちの生活・意識の変容
│ ③子どもたちの成長・発達上の課題（身体的な早熟傾向に比して、精
│  神的・社会的自立が遅れる傾向、生活体験・社会体験等の機会の喪
│  失）
│ ④高学歴社会における進路の未決定傾向（職業について考えること
│  や、職業の選択、決定を先送りにする傾向の高まり、自立的な進路
│  選択や将来計画が希薄なまま、進学、就職する者の増加）
└───────────────────────────────
```

　ここでは、背景的事項の多くが若者自身に問題があり、これを矯正す
るために「キャリア教育」が必要とされているかのごとくに思われる。
　しかし、たとえば「社会の一員としての経験不足と社会人としての意
識の未発達」についても、考えてみると、それはどの段階のどんな若者
の経験や意識を指していうのだろうか。「社会の一員としての経験不足」
というのが、児童・生徒・学生についていわれているとすれば、学校が
社会のひとつであると見ない見方をとっているのであり、在学中の学外
経験の不足を指摘していることになる。学校卒業後の若者についていう
のであれば、就業現場を社会と見ない見方をとっているのであり、企業
の枠の中に若者を縛りつけようとする企業社会の問題ではないか。それ
ゆえ卒業後の企業社会の問題を学校教育の現場で扱うことはできないで
あろう。さらに「社会人としての意識の未発達」も学校卒業後の若者に
言及していると思われるが、その問題が学校教育に責任を押しつけるべ
きことなのだろうか。
　進路の未定傾向、先送り傾向が、高学歴を目指すだけの「学び」のあ
り方の問題として指摘されていることには理解を共有できるが、この点

も、前章で論じたような青年期の「モラトリアム」の積極的位置づけも
重要となってくる。

　移行にかかる社会環境変化として、新規学卒者に対する求人状況の変
化や求職・求人不適合など、移行システムが機能しにくくなっているか
のような背景課題の提示である。しかし、これらは多く経済サイクルの
過渡的な問題であり、「雇用システムの変化」として言及されている非
正規雇用の拡大という背景課題については確かに存在し、1990年代後
半に「フリーター問題」「ニート問題」としてマスメディアにとりあげら
れた。だから「キャリア教育」が教育界で課題となってきたのかという
とそれは当時の事情として必ずしも正確ではない。厚生労働省・経済産
業省をもって「キャリア教育」を政策の前面に押し出した時、移行困難
層に注目したことは適切な戦略的ポイントであったが、この雇用システ
ムの変化への対応を若者の意識改善の問題にすり替えていることは適切
とは言いがたいことであった。

　ともあれ、「キャリア教育」の登場の背景は、移行システムの失敗の
故というよりも、むしろその逆である。学校から職業への移行がうまく
機能していたから、「キャリア教育」を導入せざるを得なかったという
のが、ことの本質なのではないだろうか。そして、そうした関係は、文
部科学省の文書として、正面から書きにくい問題でもあったという意味
でも、より本質的な課題となっている。

2.5.「キャリア教育導入」の背景として語られなくなったこと
―円滑な移行と指導―

　「キャリア教育」が関係者の中で俎上にのぼっていたのは、1990年代
後半である。当時、OECDでは世界的に若者の学校教育から職業・社会
への移行の困難が広がっているため、各国の制度・政策を比較し、相互
の学習を促すための「政策レビュー」プロジェクトを1996年からスター
トした。そのとき、若年者の移行に関する国際的な優等生は、ドイツの
デュアル・システムと、日本とされていた。その後の比較において、各
国の有効な施策の議論が進み、北欧諸国の若者への機会保障アプローチ

なども含めてさまざまな有望な施策アプローチなども検討された。その
プロジェクトの後、OECDの教育関係部門では、2000年以後、キャリア・
ガイダンスや学位、学位・資格枠組み（Qualifications Framework：以下
QFと略）の研究が進んでいく。

　日本で注目されたのは、学校や政府が応援して、キャリアの間隙なく
若者を円滑に社会へ送り出すシステムができていることである。そのシ
ステムとは、「新規学卒定期一括採用」と学卒者の職業斡旋指導である。
OECDのそうした会合の中で、日本は「青年に優しい労働市場」がある
と結論する海外専門家もいた。このことは、次章であらためて検討して
いくことにしよう。

　なお、こうした日本的移行システムが、どのように出来上がったか、
いくつか議論があり、第一次世界大戦と第二次世界大戦の間、戦間期の
総動員体制にまで遡る源流へのアプローチもあるが、象徴的な政策的ア
プローチは団塊の世代が中学・高校を卒業した時代である。

　高度成長を経て1990年代には円滑な移行システムが完成していたと
見られるが、そのとき「キャリア教育」は検討されることになった。

　その問題の所在を示す記述が、前章でも取りあげたローレンの『日本
の高校』にある。

　　教師は細心の注意を払って、成績のよい生徒を公立普通科高校に送
　　り込む手はずを整えなければならない。生徒は一校しか出願できな
　　いので、リスクを回避するために、進路指導担当の教師は事前に、
　　ランクの高い公立高校の入試担当者とかなり密接に連絡をとりあう。

　　なぜ、それらの高校の受験者数がほとんど過不足なく定員に一致す
　　るかといえば、それはまさしく、こうした全市的な中学教師と高校
　　教師とのインフォーマルな協力態勢が、おのおのの学区内にある20
　　校前後の中学校と4校の公立普通科高校とを結びつけているからに
　　ほかならない。（ローレン著、友田訳『日本の高校』1988、111頁）

　これは、1980年代はじめの外国の人類学者による観察等の調査研究によるものであり、この時代に高校進学を経験したものであれば、また同様の狙いをもった別のアプローチに気がつく。業者テスト等の普及に基づく模擬試験の「偏差値」による希望校の決定である。高校生の当時、定員500人あまりの高校に対して1名上回るだけの志願者が出願していた。何か奇跡的な現象だと考えていたものが、ローレンのこの記述に触れて、全ての謎が解けた感覚をもった。偏差値を通して、より将来の可能性の広がる高校を「選択」するとしても、こうした受験者数と定員との一致は、「見えざる手」ではなく、明確な協議の下での結果以外にはないだろう。

3．キャリア教育の展開
3．1．脱偏差値に向けたゆとり教育の撤退とキャリア教育
　こうした進路指導の問題は、偏差値指標による「輪切り進学」とよばれていたが、1993年文部省は、「高等学校教育の改革の推進に関する会議第三次報告」にもとづいて、「高等学校の入学者選抜について（通知）」と題する事務次官通知を各教育委員会等の中学校関係部署に送っている。これが、中学校における業者テストの偏差値を用いた進路指導の改善を求めるものとなり、その翌年の1994年を「脱偏差値元年」とよぶ表現も拡がった。

　各県の教育委員会は業者テスト廃止を各学校に伝えているが、はたして、業者テスト廃止によって「偏差値」に依存する進路指導が消えたのかという点は別問題である。今日、学力のみによらない推薦制度などの多様な選抜があり、また、最終的な学校選択が希望する部活であったり制服であったりとする話もしばしば語られる。しかしそれは、ほぼ同等の学力レベルの複数の学校という選択肢があるということ以上のものではなく、生徒の学力と進学先の高校との一定程度の強い対応関係が解消したというようなケースはどこにもないように思われる。

　ともあれ、この業者テスト廃止からの進路指導の見直しのもう一つは、進路指導が、単に出口での配分型指導になってはならないというもので

あった。このことは、高校での進路指導も同様であり、就職の指導においても成績や生活態度によって学校から求人先への推薦がコントロールされる実績関係に基づく、出口での配分型指導の構造があったことが、この時期苅谷 (1991) などで報告されている。

こうした進路指導をめぐる改革と同様の趣旨で展開してきたのが「ゆとり教育」であった。2000年代初頭の「ゆとり教育」の本格実施の時期のタイミングで、最終的に文部科学省が「確かな学力」へと舵を戻すことになっていくが、その後、「ゆとり教育」がある意味で形を変え、進路指導の改善が教育課程全体を通した「キャリア教育」へと展開していく。

そして、21世紀初頭には、苅谷 (2001) など多数の教育社会学者も参加し学力低下論争が展開された。文部科学省は2001年には遠山プランというトップ大学30への重点的資源配分を宣言、2002年には確かな学力の向上のための2002アピール「学びのすすめ」によって旧来の「確かな学力」へと舵を戻し、そして2004年のPISA学力調査の国別ランキング順位低下の報告を期に「学力低下」を認めることとなった。

こうして「ゆとり教育」が撤退していくのと交替して、キャリア教育が、進路指導の見直しとして、学力や偏差値による進路配分への視座転換を促す試みとなったわけである。キャリア教育を推進する文部科学省側関係者は、こうした教育制度の序列的問題については触れたがらないし、それを扱うことがキャリア教育の主たるテーマであるとは明言しにくい環境があり、当初の偏差値による進路指導の問題はどこにも語られなくなっている。こうしたアンビバレンスは、藤田 (2014) などキャリア教育を推進する側の書籍からも読み取ることができる。

しかし、キャリア教育が中学校・高等学校において、たどたどしいながらも展開が始まると、この「キャリア教育」もまた、教育学関係者からの批判の標的となっていく。例えば、児美川 (2013) は、短期間の職場体験やインターンシップだけが教育方法としてとりあげられてキャリア教育が論じられていることをもってキャリア教育を批判している。

本書では、第2部、第3部を通して検討していくが、インターンシッ

プそのものは短期間であっても、学術と職業の往還という教育方法を教育課程の中にきちんと組み込んでいくことを提起している。本書では第3部において実証的にも、「職業統合的学習（Work Integrated Leraning-WIL）」が「キャリアを拓く教育」として有効であることを明らかにしていく。つまり、児美川（2013）の想定する教育課程への統合というのは、実際にはさまざまな試行錯誤の中で徐々に進んでいる。キャリア教育導入において、象徴的な取組事例としてとりあげられていたインターンシップ等を、そのことさら初期的な段階で批判するのは、やや尚早だったのではないだろうか。

　また、田中（2013）、本田（2009）らは、職業観・勤労観などの抽象的な能力を目標としていること、またいわゆる「キャリア組」に象徴されるような勝者とその他の敗者を分かち、それに自己責任を転嫁するものであると批判する。ただし、ここで批判の対象をどこにおくのか、特にキャリア教育に関わる省庁は多く、どういうスタンスに焦点をあてて論じるのかによって評価は変わるかもしれない。キャリア教育は省庁横断的に始められてきたとはいえ、省庁の基本的スタンスをあえて大別してみると、厚生労働省がジョブ・カフェなどの若者の福祉に向けたセイフティ・ネット構築により焦点を当て、経済産業省は地域リソースの発掘や創出を通した地域・産業の「競争力」強化により関心を持ったといえるのではないか。他方で、文部科学省が進める学校内でのキャリア教育は、企業や職業との関係をしっかり視野に入れることなく、進路意識の啓発的な学校内での教育活動に向かっているという限界を多く持っていたであろう。

　さらに別の批判もある。荒川（2009）は、そうした学力競争からの離脱、視線の転換としてのキャリア教育が、実現困難な「夢」を追わせる結果につながると批判している。しかし、教育と職業への移行の日本的システムを考慮すると、学校の序列化というトラッキング・システムのもとで、アスピレーション調整メカニズムが一定範囲機能している中で、むしろそうした配分機能に取り込まれないでそれを相対化していくために、個々の若者がはっきりと「夢」を語れるようになることは、それ自

体むしろ望ましいといってもよい。荒川（2009）はさらに、高校の「夢追い」型進路誘導の結果として、その受け皿となる専門学校に対して、そこからフリーター等を生み出しているという批判もしている。しかし、専門学校において、そうした非現実的な「夢」をもつ学生たちに現実の可能性を伝え、彼らの希望に「関連」した仕事を示し、進路希望を現実的なものに調整・転換（それをわざわざ「アスピレーション」の冷却と呼ぶ必要なないと考えるが）することを重視している実態にも目を向け、関連分野就職という意味での適切さを兼ね備えているケースなどを把握しておくべきであろう。

3.2. 大学の青田買い就職見直しとしてのインターンシップと
キャリア・ガイダンスの義務化

　大学のキャリア教育は、中学校・高等学校段階のキャリア教育の取組みから 10 年ほど遅れてスタートしている。21 世紀前後から大卒就職困難と無業者の増加が指摘され始め、1997 年の三省合意に基づくインターンシップの政策的導入、就職協定の廃止など、職業への移行に関する問題状況が認識され、その改善のための取組も徐々にはじまってきた。しかし、中学校・高等学校の場合には、進路指導は教育課程と密接に関連して展開しているけれども、大学においては、就職指導などの学生生活支援と教育課程の編成・運用とは別の組織的課題として扱われてきた。担当者も、一方が職員、他方が教員というように、組織的な対応が異なるケースが多く、つまり就職問題等が、大学の教育課程として、学位プログラムの問題として認識されていることが少なかった。2009 年から 2011 年まで議論された中教審のキャリア教育・職業教育特別部会でも、大学の「キャリア教育」については、あまり議論もされることなく、就職の指導以外に多くの取組が例示されて、いろいろな可能性を示すにとどまっていた。

　その現状から、2011 年に大学設置基準の第 42 条の厚生補導の組織を置くという規定の後に、第 42 条の 2 として一条加えて、教育課程と厚生補導を通して、組織的連携を通して実施するいわゆる「キャリア・ガ

イダンス」の義務化が宣言されたわけである。

　大学段階のキャリア教育については、インターンシップという具体活動以外には特段のコアとなる活動もなく、組織的な推進体制もないまま、競争的資金の申請の際に、さまざまな教育改善の名称に「キャリア」という枕詞をつける取組が広がるだけで、対象が特定されない分だけ、日本的なインターンシップの現状の問題以外には、あまり明示的に批判されてこなかったようにも思う。

3.3. キャリア教育の新展開—教育課程全体への波及—

　2018年次の学習指導要領の改訂においては、小学校から高校まで、前文が加えられており、2006年改訂の教育基本法第2条の目標の再確認を踏まえて学習指導要領の基本的考え方を示している。ここではキャリア教育という用語は直接的に使われていないが、「豊かな人生を切り拓」くキャリアが明示されるとともに、「持続可能な社会の創り手」となる社会形成の能力に言及され、「多様な人々と協働」する人間関係や、そしてそのための「自分のよさや可能性を認識する」自己理解が示されるなど、この前文の全体がキャリア教育の趣旨で覆われている。このことは、キャリア教育の機会でもあり危機でもある。職業やキャリア形成との関わりにおいて教育を捉えるという精神においてキャリア教育が理解される機会にもなるし、あらゆる教育が「キャリア教育」の観点を有することになり、「キャリア教育」のコアの活動がどのようなものであるのか、その考え方に混乱を生じかねないからである。

【注】

(1) 杉村（1990）にそって、吉本（1995）は世界青年意識調査データをもとに4類型を作成し、日本の青年の労働観が、「役割」に近いことを指摘している。

(2) サビカスの理論においては、キャリア展望の困難に対するカウンセリングの技法を理論化していくのだが、特定のキャリアの適性や発達のモデルを押しつけないという点で、キャリア発達からキャリア構築という重要な概念の転換が生まれているといえよう。なお、このサビカスの理論を日本でも参照しながら、このカウンセリングへのアプローチをもとにしたキャリアパスポート事業が始まろうとしている。こうしてみると、日本の職業への移行の特性を踏まえたキャリアモデルの検討が重要であり、次章において詳細に検討するが、日本のキャリアモデルとして、むしろ企業内での移動を中心に考えていく必要があるだろう。

(3) 特に「人間関係形成・社会形成能力」という表現が採用されている。ここには先の論点や、門脇（1999）の「社会力」の考え方（社会で上手にコミュニケーションする技術でなく、コミュニケーションを通して社会を作る意思に関わる力）などが反映されている。

(4) この「ガイダンスの機能」という用語が、カタカナ言葉が歓迎されない公文書に書かれたことには注目しておく必要もあろう。つまり、漢字で表すと「指導」や「助言」というくらいなのだろうけれども、が、そこにはどこか上から下へ「命じている」という印象が強く、それを避け、後ろからそっと肩を押すようなイメージとして、カタカナ用語が選ばれているのである。

第3章

若年選好の労働市場と序列的教育制度

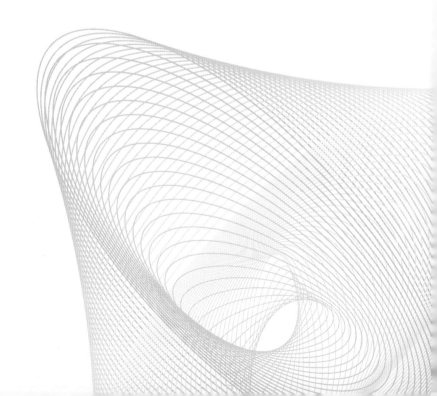

1.「メンバーシップ型」労働市場

1.1. 大卒ホワイトカラーの日本的キャリア形成

　第2章ではキャリア教育の展開の背景となった労働市場と教育の分離と対応の原理について述べたが、本章では、キャリア教育を再考し、学術と職業の往還による教育を構想するにあたって、キャリア教育の登場の背景となった、日本の教育と職業・社会との移行・接続の現実を検討していきたい。

　大学への進学とその先のキャリアを考えてみよう。大学は、どこの国でも伝統的に職業構造の特定の専門的職業（profession）領域の人材養成を担ってきた。医師・法曹・宗教家などの古典的な専門的職業や、そこに含まれる教員、技術的職業などは大学学士以上の専門的知識技術の修得を参入要件としている。また、どこの国でも大学教育の拡大があり、それは一定の範囲まで専門的知識・技術を必要とする職業の拡大によるものである。

　日本の場合には、人文・社会科学系分野を中心に高等教育が拡大をしてきた。そして、新規学卒就職の段階で、とくに人文・社会科学系大学卒業者の就職する職業は、多く事務従事者に分類される。統計上で「事務」の職業といっても、その中には職務の責任の範囲や自律性の程度において、補助的な仕事から高度な責任をもつ仕事まで広い範囲のものが含まれているものの、諸外国からみれば、それは、必ずしも大卒相当の仕事とみなされにくい。

　もちろん、諸外国でも高等教育や第三段階教育の拡大・普及とともに、大卒者に相応しい仕事は何か、卒業生が実際に大卒者に相応しい仕事についているのかという問いも広がっており、「大卒者に相応しい仕事 graduate job」（第4章参照）に関する研究も広がっている。

　大卒事務系ホワイトカラー層は、公務員・大企業を中心に発達してきた新規学卒定期一括採用による事務系総合職として就職し、就職時点では専門的知識・技術などを特に必要としない現場の事務、営業等の業務を経験する。しかしその職業は固定的に個人に当てはめられるのではなく、各人はその後の初期キャリア形成の段階でのOJTなどの手厚い企

業内訓練や経験を経て、多くが徐々に管理的職業へと、つまり大卒者らしい仕事の機能を担うように昇任・昇進していくのである。

1．2．「訓練可能性」による採用

　そうしたキャリアのあり方は、採用時に求められる資質条件にも反映される。企業等での一定期間の継続就業を見込んでの採用がなされていることから、日本の労働市場の望ましいあり方として、欧米の「ジョブ型」と対比して「メンバーシップ型」と論じられている（濱口 2009 など参照）。

　この「メンバーシップ型」労働市場では採用後に企業内訓練を経て、本来企業で必要とされる特殊的知識・技能を獲得するというモデルである。となれば、採用までに特定の専門的な知識や技能が求められない。ではどのように選考を行うか。、これはサロー（1975）のいうところの「訓練可能性」であり、採用後に各キャリアの段階で必要な企業特殊的技能を容易に形成できる資質ということになる。もちろんそれが分かれば企業の人事も苦労はないが、その不明な指標の代替指標として大学の入試レベルなどが用いられ、これが学歴社会形成の理論的根拠のある説明となっている。この「訓練可能性」さえ確認できれば、どこの学部でも、どのような専門を学んでいてもかまわないという採用選考の原則は、専門的学習の軽視に繋がっていく。

　経済産業省が、他業種の人事関係者の人材ニーズへの期待を平均したものとして「社会人基礎力」を提起し、大学における専門的学習とは別の切り口としてそれが重宝されているのも、専門的学習の職業的なレリバンスを示すことのできない大学教育の現状にも格好のサポートとなっている。

1．3．「ジェネラリスト」と「スペシャリスト」

　後述するが、在学時に学校で修得すべき能力の目標として「社会人基礎力」などの「基礎的・汎用的」な技能が人文・社会科学系学部を中心に取り上げられている。しかし、大卒ホワイトカラーの仕事を調べた小池和男ら（1991）は、「広くローテーションを経験するキャリア」という

伝統的な大卒イメージに合致するものだけでなく、「ひとつの職場内で深く形成されるキャリア」が多くあることを指摘している。

　これに対して、理工系分野では、むしろ古典的な「ジョブ型」の仕事とキャリアのモデルが広く理解されている。すなわち、理工系の研究室の特定業界や特定企業等との結びつきをベースに、就職にも関わるインフォーマルなネットワークが組織されており、就職活動すらも指導教員の指導の範囲内で展開されてきた。そして、その後も特定の会社の狭い範囲の製品にかかる研究開発、製造技術などの技術系分野にとどまり深くキャリアを形成するというモデルで見られることが多かった。

　しかし、そうした技術者の場合も、入職後15年前後の頃から、技術の分野にとどまるのか、技術チームやさらに大きな組織のマネジメントへと職域を移動してキャリア形成をしていくのか、専門的キャリアの分岐にたどりつく。技術領域によってさまざまであるが、情報技術者の35歳定年説なども論じられてきた。ともあれ、一人前の技術者としてスキルを身につけてから初期キャリアの分岐を迎えるまでの間、潜在的な専門分化が進んでいると考えられるのである。もはや、大卒者のすべてが「将棋の駒」型の幹部候補としての昇進キャリアをたどるキャリアパスは典型的なものではなくなってきている。

コラム： ［集団就職］

　集団就職は、戦前期にその源流となるものはあったが、戦後復興を終え高度成長期として位置づけられる1950年代半ばから1970年代はじめまで、労働省における広域職業紹介のシステムの形成のもとで、学校・職安の連携の下で供給地域から需要地域へと大規模な労働移動を組織したものである。

　映画「ALWAYS三丁目の夕日」は、1960年代初頭、六子が東北から集団就職列車で友人と就職先の想像をめぐらせるシーンからスタートする。彼女は「自動車会社の社長秘書」と友達からうらやましがられ、まんざらでもなかったのだが、上野駅に着いて現実を知る。就職先の「鈴木オート」は、自動車整備・販売する家族経営の町工場だった。翌朝、彼女が最初に仕事の説明を受けたとき、今度は鈴木オートの社長も落胆する。自転車のブレーキの調整などが好きだという六子の履歴書を、自動車修理が好きと読み間違えていたのである。集団就職の時代には、おそらくこのような行き違いがよくあることだったのだろうと想像されるところである。

　実際、長崎県の公共職業安定所の職員に当時の話を聞いてみると、集団就職列車を降りて名古屋や大阪の大都会を初めて見てそこで怖じ気づいて就職をやめるという中卒者を実家まで連れて帰ることも、公共職業安定所の職員の重要な仕事だったそうである。

1.4. 高度成長期における日本的システム形成

　戦後復興期を経て、教育経済学におけるマンパワー論の影響を受けながら 1960 年代には国民所得倍増計画が策定される。大都市における労働需要の拡大に対応するため、集団就職という日本型の広域労働需要調整の仕組みができ、これが円滑な移行システムをつくり上げたといえるだろう。本来、仕事に必要な知識や技能を持って就職するのだが、そうした専門的な知識・技能への期待が必要とされない移行システムのもとで、職業高校を充実させようとする国の政策は現場には浸透していかなかった。特に、団塊の世代の学生数が 1.5 ～ 2 倍になるという時代には、とても工業高校や商業高校を作るゆとりはなく、普通科増設とすし詰め教育による対応がやっとという状況であった。

　また大学でも、理工系技術人材の養成が必須とされ、政府は国立大学工学部を拡大するとともに、私立大学に対しても理工系学部の設置・拡大を要請した。しかし私立大学は、その対応の見返りとして、むしろ文系学部中心に大幅な定員超過が容認され、高等教育の規模全体が急拡大を遂げることになる。ここでも、大都市の文系・私学の大学が拡大し、理工系人材養成を拡充しようという政策的な目標は実現できなかった。

　卒業後の進路を考えるとこの時期の高等教育の大衆化は、大卒者を求める職業構造の高度化を反映したものというより、むしろ職業構造の高度化を待望してのものであった。そのため、1970 年代以後、急増する大卒者の失業やブルーカラー化などの問題が喧伝された。結果的には、わが国における内部労働市場の発達とそこでの職務の境界設定の弱さも相俟って、この時期に特別の失業増加傾向や就職先変化も顕在化することはなかった。しかし、実質的な大卒・高卒の学歴間での代替傾向が広範囲に確実に進行していったとみることができる。

　同時に、企業サイドでは大企業を中心に幹部候補人材としての銘柄大学への選好がより一層鮮明になり、特定の銘柄大学だけに求人・採用活動の範囲を絞った指定校制度や、そうした人材確保のための青田買いが横行した。その歯止めを目指した就職協定をめぐって、大学側・企業側、政府の緊張関係が長く繰りかえされることとなった。また、新興非銘柄大

学は就職部等の活動を活性化させてこうした格差構造に挑戦していった。

1．5．学校から職業への円滑な移行の成功と代償

　国際的に見ると、日本は教育から職業への移行がスムーズな国である。しかも、職業に就くための必要な技能を形成するという職業教育訓練を通してそれを実現するのではなく、学校教育の水準を上げることを通して、また学校と労働行政による全国的な需給の調整を通して実現した。それには、企業サイドで、長期継続雇用慣行を規範とし、若年者を優遇して採用し、企業内で育成を行う日本的経営が対応していた。キャリアの断絶なく若者を円滑に社会へ送り出す日本的システムは、団塊の世代対応などの場面で普通教育による資源節約型での教育拡大を行うとともに、企業での長期継続雇用、職業安定行政による全国的需給調整という、一連の国家的な事業の結果とみることができる。

　そして、こうした円滑な移行システムの成功の対価・代償として、若者の多くが十分な職業準備教育を受けないままで学校教育を終え、その職業観や労働観についてもしばしば問題にされてきた。「ところてん式」の、学校から職業移行支援システムとは、本人が特別な職業的な価値観を形成していなくても誰かが仕事を見つけてくれるというある種、過保護的な面があった。こうした環境のもとで、1990年代からの雇用構造が変化し、非正規雇用が増えたことで、前章で論じた「キャリア教育」が登場したのである。

2．学校間の序列競争と教育
2．1．「学歴主義」の広い範囲での浸透

　1970年に教育と社会の現実調査したOECD教育調査団は日本のシステムを、「学歴主義（degree-ocracy）」と表現した。

　　18歳のある一日に、どのような成績をとるかによって、彼の残りの人生は決まってしまう。いいかえれば日本の社会では、大学入試

は、将来の経歴を居大きく左右する選抜機構としてつくられている
のである。その結果、生まれがものをいう貴族主義 (aristocracy) は
存在しないが、それに代る一種の学歴主義 (degree-ocracy) が生ま
れている。それは世襲的な階級制度にくらべれば、たしかに平等主
義的であり、弾力性に富んでいる。しかし他の制度－つまり長期間
にわたる個人的業績が人々を適切な職業・地位へと振分ける尺度と
され、また意欲のあるものは必要に応じて教育を受け、さらには能
力の発達に応じてその地位もあがっていくといった機会が用意され
ていた制度にくらべれば、学歴主義は弾力性を欠いた、専制的な制
度である (OECD 教育調査団・深代惇郎訳『日本の教育政策』(朝日
新聞社、1976 年、92-93 頁)

　就職後の昇進構造にみられる出身校別の差異まで含めて、学歴社会を
めぐる論争はひろく社会的関心を集めた。こうした論争は、いずれも文
系大卒の事務系ホワイトカラーという、大学専門教育の専門性と労働市
場における職業専門性にかかる非対応を前提とし、それゆえの「訓練可
能性」が重視される大きな領域が形成されていったことの帰結でもあ
る。
　1971 年の中教審答申ではいわゆる大学の「種別化」構想が提起され
た。これは、大学関係者の強い反対を受けて実現には至らなかった。そ
の後専修学校制度の創設などの改革はなされたものの、規模的には 4 年
制大学が若年コーホートの過半数を受け入れるまでに拡大し、今日、そ
の機能別分化・多様化が議論されている。

2.2. 高校の学校間格差の構造
　高校に学校間格差があることは、市民、研究者共通の理解であるが、
その程度をどのように実証的に把握するかとなれば、必ずしも実証デー
タが揃っているわけではない。学力偏差値による進学先のふるいわけは
それぞれの都道府県単位で異なる入試選抜のシステムがあり、各県ごと
に比較するほかない。

　そこで、一例として、1981年のある県の公立高校入試の学力成績分布のデータが示された図書があったので、その資料（春木1982）から学校格差の構造を確認したい。この県では1980年に県立普通科高校が33校、職業高校が23校、市立高校が2校あった。合格者総数2万7千余人のうち、250点満点中の225点以上とった合格者は188名、このうち150名がひとつの高校Aに集中し、残り25人は高校Bに、その他の10人は他の4校に合格している。58校中の52校にはこの学力層がいない。A校の場合に合格者の最低点が200点以上であるのに対して、最高点が200点に満たない高校も30校あり、そのうち職業高校が18校（全23校中）となっている。さらに言えば、最高点が150点未満の普通科高校Cもあり、その高校では、合格者の4分の1は学力50点未満であった。

　つまり、個別入試を行う以上それぞれに異なる合格最低点があるのは自明であるとしても、ある学力層にとって、選択されることのない高校があるということである。また、選抜制度の当然の分布ともいえるのだが、中学卒業、高校入試の時点で、25点未満で合格する者もいれば225点以上で合格する者もいる。「18歳での社会的出生」とされる大学入試制度でなくとも、入試というものは結果的に当人の学力水準を刻印している。入試というものは、いかに合格者と不合格者を識別するか、合格点近辺の学力層の学力差を拡大表示するかということに主眼がある。つまり、学習し到達した学力の総量を図っているわけではないのだが、25点未満と225点以上となったとき、そこに比例尺度的な感覚での刻印効果を生じかねないのである。

　全国的な高校の格差構造を示す公式的な統計的実態はほとんど報告されたことはない。あるいは、日本の公文書に「学校間格差」という用語が使われたことはないのではなかろうか。

　本書では、学科単位での卒業後の進学率分布が、国立教育政策研究所の調査データの再分析結果から得られているので、これを示すこととしたい。図3-1のように、全国5,000以上の高校学科の調査の回答から、進路についての回答に無回答や誤記入のない4,100余の学科でみると、学校・学科ごとの進学率は大きく分散している。普通科高校では、進学

率9割以上の学科が29.8%を占め、8割以上の進学率となると、普通科の半数以上となっている。しかし、普通科であっても進学率5割未満の学科も12.9%ある。

他方、職業に関する専門学科では、全体として進学率は低い、つまり就職率の方が高いけれども、商業科では卒業生の半数以上が進学する学科も41.9%を占め、工業科でも進学率が5割を超す学科は20.4%ある。また、第三の学科として注目されてきた総合学科も、進学率が5割を超す学科が多数を占めている（70.3%）。さらに進学先をセクター別に、大学の機関類型ごとに区分していけば、こうした差異はより一層顕著なものとなってくる。

とりわけ、マスメディアが毎年3月になると進学先大学ごとの高校ランキングを報じることについては、日本社会の常識となっている。

2.3. 第三段階教育における階層的序列

大学、短大、専門学校などの第三段階教育についての階層的序列は、

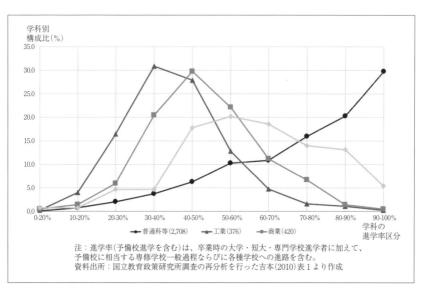

〔図3-1〕2003年高卒者の進学率（予備校を含む）の学科別分布

1970年代の学歴社会論争をはじめとして、多くデータを伴って議論されてきた。1970年代にOECD教育視察団が「18歳での社会的出生」とよぶ大学の階層的序列については、マスメディアにおいては、合格最低点の偏差値等の情報が、一般社会に広く流通している。

　文部（科学）省の場合には、公文書で「大学間格差」という表現を使ったことはない。そうした表現は使わないにしても、日本の教育政策としては、中教審46答申における「種別化」構想から今日の「機能別分化」論まで、文教政策として、格差や序列化とは別の表現を用いて、800校近いの大学と300校あまりの短期大学、100校弱の高等専門学校、3000校との専門学校という、巨大な第三段階教育を、一定の機能別分化をもつシステムとして構築しようと試みてきた。

　本書は、こうした機能の異なる第三段階教育の各セクターやその中の個別機関が、どのように類型化されていくのか、またその上でより高次の理念的統合性をもっているのかに注目している。

　そのために、どのような類型やその区分の指標が示されるのかが注目されるところである。政府における遠山プランのトップ30というアプローチや、その後の人材養成の3タイプなど、機関目標として各機関当事者にも共有しやすいのは、研究大学における、研究面での卓越性である。そして、大学内で、研究面での競争と序列化については、それがトータルな研究における世界的競争力の形成につながるとみて、むしろ公然とランキングとそれへの追従を奨励している。、

　そこで、本書では、研究面での大学間の格差的特性を要約的に表現してみよう。図3-2は、2016年から2018年までの、科学研究費補助金の基盤研究の新規採択数のうち、大学所属の研究代表者による課題数（41,487件）を抽出し、大学別採択件数の少ない順に大学を横軸に並べ、大学の採択件数に関する累積比率を縦軸にプロットしてみた。

　全784大学のうち、右側から16大学（大学数で全体の2.0％）は科研費採択が多い大学であり、これらの16大学で大学研究者獲得科研費シェアの33.8％を占めている。他方、左側から380校の大学は、年間平均3件以下の科研採択にとどまり、これら全大学の半数近くの大学のシェ

アは全体でも 3.1％にすぎない。この数字はトップの採択数の大学 1 校のシェア 4.3％をはるかに下回っている。さらに、52 の大学は 3 年間に一度も所属教員・研究者による科研採択の実績がないこともみえる。

　誤解のないようにしてもらいたいと思うが、私は、この図を通して、科研採択実績の少ない大学がより「努力」して科研採択を増やすべきであるとか、そうした問題となる事例のひろがりを示したとかというつもりではない。また、トップの大学を称賛するつもりでもない。その大学にしても、今日、世界ランキングの中での順位低下を批判されたりするなど、これまた「ゆとり教育」批判の材料になるのであろうか。

　ともあれ、この図は、一例の研究費分布に過ぎないが、大学間にはそうした研究活動次元において大きな機能別分化が生じていることが示されている。また、こうした分化と、マスコミが広報する、いわゆる入学者の偏差値序列が対応していることもまた想像するに難くない。

　この分布図から、社会学・経済学が多用する格差指標であるジニ係数を算出してみると、ジニ係数 0.89 となる。経済原理の市場競争でも生

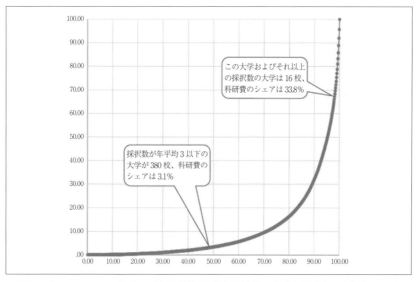

〔図 3-2〕2016-2018 年度の科研基盤研究新規採択分（大学分）の機関別分布

じないような見事な分化が生じていることが分かる。ちなみに、今日格差が拡大したといわれる日本の所得格差のジニ係数は 0.4 から 0.6 に上昇しているとされている。もちろん、2019 年のダボス会議で明らかにされた世界の最も裕福な 26 人が、世界の人口の半数 38 億と同じ資産を持つという場合の富の偏り（OXFAM International 2019）ほどの格差はないとしても、大きな機能的分化の状態にあることが確認できる。

　世界中が、大学の世界ランキングの狂騒に関心を向けているように見えるが、ランキングで扱われるのは世界中の 2 万以上の大学の中のたかだか 1,000 校程度であることを忘れてはならない。その他の 1 万 9000 の機関が、どのように、こうしたランキングの世界に巻き込まれず、固有の教育機能を探究していけるのか、注目されるところである、

　この点で、日本の高校、大学等の学校序列問題の難しいところは、トップ層だけの競争にとどまらず、その次のカテゴリーまでこの偏差値、学力、教員の研究レベルなどの尺度で並べられ競争に参加していくことのように思える。

　かつて北村（1984）は、「国民一人ひとりが、少し上のランクの学校に入りたいという「正直な利害関係に従っているだけで」、校風への考慮等「単なる古くからの慣習への順応から来る一切の内的拘束」や、教育に何らかの理想を託すような「価値合理的に信じられた規範」は簡単に打ち破られ, 偏差値相応の学校を受験すべしという規範に強制されたのと同じ結果が生じている」と指摘している。

　学校の序列が、複線型制度のようなセクター間での大きな断絶を伴うにとどまらず、むしろ同一セクター内で、微細な学力差で序列化していることで、アスピレーションの加熱装置として機能する。他方で、今日、「F ランク大学」であるとか、「ボーダーフリー大学」であるとかと表現を用いていくことで、大学の序列化意識を固定化していくのである。

　こうした日本の教育から職業への移行システムをどのように転換させていくのか、学校内でのいわば一元的な価値尺度での進路選択を相対化し、キャリアを拓くための教育と学びの在り方を検討し、また、教育や社会の制度として、多くの再挑戦の機会を拡大していくことが重要とな

るであろう。本書では、「学術」と「職業」を往還することでそうした一元的な価値尺度での競争を相対化しつつ学ぶ方法を検討し、第4部においてあらためて、リカレントな学びについて考えていきたい。

第4章

教育目的・目標としての学修成果と進路形成

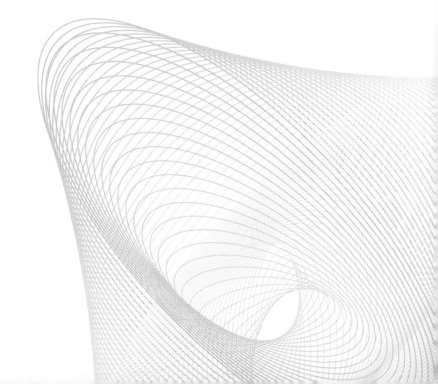

1. キャリアを拓く教育のために、何を学び修得するのか

1.1. 世界的に共通する学修を通して育成する能力等への注目

　20世紀の終わりころから、日本においても、また世界各国で、学生と学校・大学に対して、経済社会からさまざまな能力育成への要求が出されるようになってきた。ここには、一方では専門性の高度化と拡張性を強調するものがあり、他方では組織での仕事に関わる共通的素養とみられる要求もある。

　前者としては、近代、フォーディズムからポスト近代、ポスト・フォーディズムへと社会が変容を遂げていく過程で、労働組織も官僚制的パラダイムから柔軟性パラダイムへと変容し、それが教育への要求を変化させる。高等教育修了人材にも、高度の専門知識・技能が求められるだけでなく、特にイノベーションに向かう柔軟な対応能力が求められる（Halsey ほか編著 1997）という説明がある。知識情報社会化・グローバル化などで、技術革新のスピードが加速し、また労働組織が、よりフラットで柔軟なものになるため、個々の職業人の革新への対応能力が重視されるのだという。

　こうした議論は、欧米では、特に大学が職業対応型の専門教育を担うドイツなど欧州大陸諸国において、より強調されている。日本でも、産学協同での人材養成、特に理工系大学院や専門職大学院の先端領域の拡充の議論の中で展開されている（吉本編 2010）。

　他方、後者の組織で働く共通的素養として、高等教育の大衆化・ユニバーサル化と連動した「エンプロヤビリティ」要求もある。こちらの議論は、英国など大学教育の専門性が必ずしも職業に直結しない国々を中心にはじまり、ボローニャ・プロセスにおいて、新たに導入される学士修了者の雇用に関わる課題を視野に入れて欧州圏で広がっている（Teichler 2009）。日本でも、典型的にはフリーター・ニート問題など社会保障型の議論として、この「エンプロヤビリティ」は、バブル崩壊後の経済不況の中で、格好の政策キーワードとして用いられるようになってきた。

　2007年に経済産業省で提起している「社会人基礎力」なども、そうし

た流れの中で見ることができる。「社会人基礎力」とは、「前に踏み出す
力」、「チームで働く力」、「考え抜く力」などであり、あるいはソフトス
キルと称されることもある。その育成は、特定の専門分野の教育という
よりも一般教育・基礎教育・教養教育の段階において用いられ、また就
職や進路のための指導・活動の中で、機械的な出口の進路への配分では
なく、学校側がガイダンス機能を充実させるという、そこでのやや抽象
的な目標として設定の容易なモデルとなっている。

　労働市場の今日的展開に応じて、社会から教育への諸能力涵養への要
請がなされているが、それは今日、教育の質保証という観点から強調さ
れるようになっていることでもある。これらは、特に大衆化・ユニバー
サル化することで教育に対するアカウンタビリティ要請が拡大したため
である。もともと、学修成果（learning outcomes）というのは一般的に使
われる用語であったのであるが、教育の質保証の観点でこの言葉が用い
られていくのは、いくつかのルーツがありそうである。英国では、全国
職業資格枠組（National Vocational Qualificatios）の導入において、さまざ
まな職業資格を、その資格にかかわる学習の成果を通して習得された能
力のレベルによって分類している。ジェサップ（1991）から、この
Learning outcomes コンセプトの教育領域での普及一般化が進んでいく。

　日本では、高等教育段階では、この learning outcomes は、学習で習う
だけでなく修めていることを強調して「学修成果」（大学改革支援・学
位授与機構 2019）と訳されて用語が普及してきた。著者自身は「学修成
果」と「学習成果」を特別に区別せず learning outcomes の訳語として使
いたいと考えている。ともあれ、学校教育段階にもこうした海外からの
輸入された用語というような意味合いでこうした考え方が広がってい
る。日本の学校教育でも、2006年以後、それぞれに目標が設定されて
おり、この考え方をまず見ていこう。

1.2.　学校教育法規等にみる学修成果目標とは
　世界的な、いわゆる学修成果への注目は、日本の学校教育各段階でそ
れぞれに言及されている。学校教育で養成すべき能力の目標はどのよう

に設定されているのか、まず日本の各段階の学校教育における目標の規定とその用語を検討してみよう。

　学校教育法で各段階の教育の目標を見る前に、まず教育基本法からみておこう。1947年に制定されて以来改訂もなく基本の法律だった教育基本法は、「愛国心」問題などの政治的な論争を生みながら、2006年に改訂されている。ここでは、それまで第1条にあった教育の目的規定「教育は、人格の完成を目指し、平和で民主的な国家及び社会の形成者として必要な資質を備えた心身ともに健康な国民の育成を期して行われなければならない。」に続けて、第2条として以下のように教育の目標の規定が加えられることになった。

　教育は、その目的を実現するため、学問の自由を尊重しつつ、次に掲げる目標を達成するよう行われるものとする。
　一　幅広い知識と教養を身に付け、真理を求める態度を養い、豊かな情操と道徳心を培うとともに、健やかな身体を養うこと。
　二　個人の価値を尊重して、その能力を伸ばし、創造性を培い、自主及び自律の精神を養うとともに、職業及び生活との関連を重視し、勤労を重んずる態度を養うこと。
　三　正義と責任、男女の平等、自他の敬愛と協力を重んずるとともに、公共の精神に基づき、主体的に社会の形成に参画し、その発展に寄与する態度を養うこと。
　四　生命を尊び、自然を大切にし、環境の保全に寄与する態度を養うこと。
　五　伝統と文化を尊重し、それらをはぐくんできた我が国と郷土を愛するとともに、他国を尊重し、国際社会の平和と発展に寄与する態度を養うこと。

　本書の「キャリアを拓く学びと教育」というテーマについていえば、それぞれの項目が関係するが、特に第二項が直接的にキャリア教育に関わるとみることができる。また、教育基本法の改訂に連動して2007年

に学校教育法の改正が行われており、各学校段階において、個別の教育目標が設定されている。まず、学校教育法第30条2項では小学校の教育の目標を次のように定めている。

　第三十条　小学校における教育は、前条に規定する目的を実現するために必要な程度において第二十一条各号に掲げる目標を達成するよう行われるものとする。
　2　前項の場合においては、生涯にわたり学習する基盤が培われるよう、基礎的な知識及び技能を習得させるとともに、これらを活用して課題を解決するために必要な思考力、判断力、表現力その他の能力をはぐくみ、主体的に学習に取り組む態度を養うことに、特に意を用いなければならない。

　この第2項では、生涯にわたり学習する基盤を培うという包括的目標のもとで、「基礎的な知識」、「基礎的な技能」、「思考力、判断力、表現力その他の能力」、「主体的に学習に取り組む態度」の4つの次元の目標が示されているとまとめることができよう。

　続いて、中学校においては、第49条によって、小学校に関するこの第30条の2項の準用が指示されている。

　高等学校の教育の目標を示す第51条は、次のように長い文章で3つの目標が示されている。

　一．義務教育として行われる普通教育の成果を更に発展拡充させて、豊かな人間性、創造性及び健やかな身体を養い、国家及び社会の形成者として必要な資質を養うこと
　二．社会において果たさなければならない使命の自覚に基づき、個性に応じて将来の進路を決定させ、一般的な教養を高め、専門的な知識、技術及び技能を習得させること
　三．個性の確立に努めるとともに、社会について、広く深い理解と健全な批判力を養い、社会の発展に寄与する態度を養うこと

こうした学修成果目標という点で、大学、短期大学、高等専門学校、専修学校、専門学校には、対応する学修成果のタキソノミーが読み取れる学校教育法等の条文を見出しにくい。

　このため、中央教育審議会（2008）『学士課程教育の構築に向けて（答申）』で提起されている、「各専攻分野を通じて培う学士力～学士課程共通の学習成果に関する参考指針～」をみると、ここでも以下のように4次元で示されている。

1）知識・理解
　専攻する特定の学問分野における基本的な知識を体系的に理解するとともに、その知識体系の意味と自己の存在を歴史・社会・自然と関連付けて理解する。
　（1）多文化・異文化に関する知識の理解
　（2）人類の文化、社会と自然に関する知識の理解

2）汎用的技能
　知的活動でも職業生活や社会生活でも必要な技能
　（1）コミュニケーション・スキル
　　　日本語と特定の外国語を用いて、読み、書き、聞き、話すことができる。
　（2）数量的スキル
　　　自然や社会的事象について、シンボルを活用して分析し、理解し、表現することができる。
　（3）情報リテラシー
　　　ICTを用いて、多様な情報を収集・分析して適正に判断し、モラルに則って効果的に活用することができる。
　（4）論理的思考力
　　　情報や知識を複眼的、論理的に分析し、表現できる。
　（5）問題解決力
　　　問題を発見し、解決に必要な情報を収集・分析・整理し、その問題

を確実に解決できる。

3）態度・志向性
　(1) 自己管理力
　　自らを律して行動できる。
　(2) チームワーク、リーダーシップ
　　他者と協調・協働して行動できる。また、他者に方向性を示し、目
　　標の実現のために動員できる。
　(3) 倫理観
　　自己の良心と社会の規範やルールに従って行動できる。
　(4) 市民としての社会的責任
　　社会の一員としての意識を持ち、義務と権利を適正に行使しつつ、
　　社会の発展のために積極的に関与できる。
　(5) 生涯学習力
　　卒業後も自律・自立して学習できる。

4）統合的な学習経験と創造的思考力
　これまでに獲得した知識・技能・態度等を総合的に活用し、自らが立
てた新たな課題にそれらを適用し、その課題を解決する能力

　さらに、国からの委託を受けて日本学術会議が作成した分野別参照基
準も、各「学問分野」の学士レベルの学修成果目標策定にあたっての概
念、様式を、「当該学問分野を学ぶすべての学生が身に付けることを目
指すべき基本的な素養」として、次のように提供している。

　(1) 当該分野の学びを通じて獲得すべき基本的な知識と理解
　(2) 当該分野の学びを通じて獲得すべき基本的な能力
　　　a 分野に固有の能力
　　　b ジェネリックスキル

1．3．学位・資格のレベルと学修成果＝職業コンピテンシーとのマトリクス

前項で、一通り各学校段階での教育の目標に相当する規定をみてきたが、これらを総合してみるとどのような概念で把握することができるのだろうか。日本の教育と訓練のすべての学位・資格の体系に適用される、学修成果のタキソノミー（分類）として、本書では、「知識」「技能」「態度」「応用（知識・技能・態度の現場の文脈への応用）」の４次元で考えてみることを提案したい。すなわち、上述の各学校段階での教育の目標は、表4-1のようにまとめることができるからである。

このまとめ方は、九州大学第三段階教育研究センターが2013年度から2019年度にわたって、文部科学省「成長分野等における中核的専門人材養成等の戦略的推進事業」ならびにその継承事業からの受託研究開発（https://rteq.kyushu-u.ac.jp/index.html）を行った結果である。

各次元の検討をしていこう。まず、左から「知識」と「技能」は、世界中のほとんどの国で用いられている教育の目標を規定する用語、Bloomの分類（タキソノミー）にいうところの認知領域にあたる。世界で広がる国家学位資格枠組（National Qualifications Framework: 以下 NQF と略）においても、共通に記述語（descriptors）として、それぞれの教育プログラムと学位・資格の授与において到達すべき学修成果の記述に用いられている。

問題となるのは、それ以外の次元である。欧州学位資格枠組（EQF）における、「コンピテンス」や「自律性と責任」、豪州学位資格枠組（AQF）における「応用」、韓国 NCS (National Competency Standards) における「態度」などを比較検討し、日本の学校教育法の教育目標に当てはめてみた結果、韓国等の東アジア・東南アジア諸国のもちいる「態度」と、豪州における「応用 (application)」を用いることで、表4-1のように適切な分類が可能であることが確認された。

こうして、日本の教育と訓練のすべての学位・資格の体系に適用される学修成果として、「知識」「技能」「態度」「応用（知識・技能・態度の現場の文脈への応用）」という各レベル共通の４次元（タキソノミー）を設

〔表4-1〕学校教育法等における教育の目標

		教育の目標					目的：育成・展開させる資質
		知識	技能	態度	知識・技能・態度を現場の文脈において応用		
小学校	学校教育法第30条2項	基礎的な知識	基礎的な技能	主体的に学習に取り組む態度	これら（知識と技能）を活用して課題を解決するために必要な思考力、判断力、表現力その他の能力	⇒	生涯にわたり学習する基盤を培う
中学校	第49条（第30条2項を準用）						
高等学校	第51条	一般的な教養を高め、専門的な知識を習得	専門的な技術及び技能を習得	個性の確立に努めるとともに、社会について、広く深い理解と健全な批判力を養い、社会の発展に寄与する態度	義務教育として行われる普通教育の成果を更に発展拡充させて、豊かな人間性、創造性及び健やかな身体を養い、国家及び社会の形成者として必要な資質	⇒	義務教育として行われる普通教育の成果を更に発展拡充させて、豊かな人間性、創造性及び健やかな身体を養い、国家及び社会の形成者として必要な資質を養うこと
大学	学士力および学校教育法第83条	知識・理解	汎用的技能	態度・志向性	統合的な学習経験と創造的思考力	⇒	知的、道徳的、及び応用的能力を展開させる
	分野別参照基準	分野の学びを通じて獲得される基本的な「知識と理解」	分野に固有の知的訓練を通じて獲得される「ジェネリックスキル」		基本的な知識と理解を活用して発揮される「能力」	⇒	

定することが可能であると結論している。同事業では次の段階として、図4-1のように、異なる教育と訓練の段階で適用可能な学修成果とコンピテンシーのマトリクスのひな型を設定している（吉本編 2019）。

　さらに、これを＜一般的な日本的労働市場モデルが適用されるビジネスの領域＞、＜今日の技術革新の顕著なITの領域＞＜国家資格にかかる保育の領域ならびに保健・介護等のコメディカルな領域＞、＜観光、ならびに食・調理などのホスピタリティ領域＞、＜服飾・アート等まで

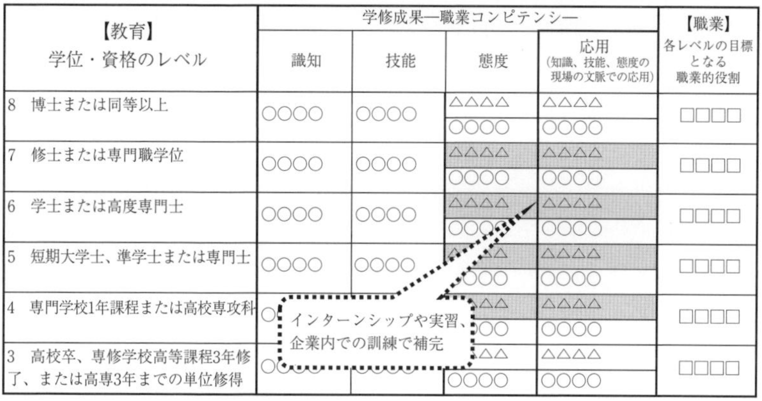

【教育】 学位・資格のレベル	学修成果—職業コンピテンシー				【職業】 各レベルの目標 となる 職業的役割
	識知	技能	態度	応用 (知識、技能、態度の 現場の文脈での応用)	
8　博士または同等以上	○○○○	○○○○	△△△△ ○○○○	△△△△ ○○○○	□□□□
7　修士または専門職学位	○○○○	○○○○	△△△△ ○○○○	△△△△ ○○○○	□□□□
6　学士または高度専門士	○○○○	○○○○	△△△△ ○○○○	△△△△ ○○○○	□□□□
5　短期大学士、準学士または専門士	○○○○	○○○○	△△△ ○○○	△△△△ ○○○	□□□□
4　専門学校1年課程または高校専攻科	インターンシップや実習 企業内での訓練で補完		△△ ○○	△△△ ○○	□□□□
3　高校卒、専修学校高等課程3年修了、または高専3年までの単位修得			△△ ○○○○	△△△△ ○○○○	□□□□

学修成果指標・職業コンピテンシーとレベルのマトリクス

〔図 4-1〕学修成果＝コンピテンシーとそのレベルのマトリクス・モデル

ふくめたデザインの実践的な文化領域＞の文脈に適用してマトリクス策定を行い、さらに、機関調査、卒業生調査等によって各記述語（descriptors）のレベル設定の適切性を検証することも必要である（吉本編 2019）。

２．教育から進路とキャリアの形成
２．１．エンプロヤビリティと経験の価値

　教育を修了してからの進路・職業への移行、キャリアの形成へのプロセスという目的に即した教育の目標となるのは、教育を通した知識・技能等の能力形成とともに、実際にそうした適切なキャリア形成への道筋を形成していくことである。そのための総合的なアウトカムを「エンプロヤビリティ」という用語で言及することもできる。

　欧州でも、2000 年前後から高等教育のエンプロヤビリティが多く議論されてきた。これは、急速な大衆化・ユニバーサル化などの教育拡張にともなって高等教育修了者に相応しい職業への移行が困難になるという構造的な問題があった。特に、欧州各国で共通の高等教育圏をつくる

というボローニャ・プロセスの思想と広範囲の国々の合意のもとで、学士・修士という二段階の学位プログラム構造が形成されることなり、それに伴う政策的な課題として浮上したという面が大きい。

　つまり、従来長期の修士相当のプログラムのみしか持たなかった国では、新たに形成される学士修了者にとっての適切な進路・職業があるのかどうか、さらにそうした労働市場を形成するという疑問を生じたため、「エンプロヤビリティ」という用語でそのことを議論するようになっていったのである。

　この議論を主導したのは英国であった。英国はボローニャ・プロセス以前から二段階の学位プログラム制度を有していたが、1992 年にポリテクニクが一括して大学昇格したことにより、拡大した学士労働市場において学士プログラムからの職業への移行問題が顕在化したためである。英国の代表的なエンプロヤビリティ論として、ヒラージとポラードは、基礎的な知識や専門的な知識・技能修得の重要性は否定しないが、重要なことはそれらを前提としつつ、その内的な特性を実際に活用してみる、「活用」ということを強調している（Hillage & Pollard 1998）。これはどういうことかと言うと、労働市場での経験、あるいは実際の履歴書の作成という技術的なことも含めて、知識や技能などの内的な能力を基礎として、具体的な経験を積み、自分の価値を他者に提示していく(Deployment & Presentation) という社会との関わりの軸が示されている。

　つまり。図 4-2 のように就職力、転職力とか社会人基礎力などというわが国で論じられる能力や志向性の次元のものと同時に、そういうものをどれほど使った経験があるかという次元をより問題にしている。さらにその外側には、現実の労働市場環境やそこでの個人の諸特性の適合などの客観的な環境条件が存在するとまとめられている。

2.2.　エンプロヤビリティから職業的レリバンスへ

　エンプロヤビリティ論は、それが現実的に大きな問題となるポリテクニクからの大学昇格に伴う大学拡張を経験した英国固有の論から、専門的職業準備としての修士プログラムを運営ししてきたドイツなど新たに

学士プログラムを導入する欧州大陸諸国を巻き込むボローニャ・プロセスの重要論点の一つとなっていく。

　これに対して欧州大陸諸国のリアクションも興味深いところである。高等教育研究者のタイヒラーは失業問題に直面するような学位を修得せず社会に出る若者を含めて論じるための労働経済的な用語であるエンプロヤビリティが、労働市場内で相対的に有利な立場にあり、失業などの就職自体の困難を生じるわけではない高等教育修了者にその議論を持ち込むのは不適切であると述べている。

　特に、ドイツの大学では、高等教育大綱法において、法制的に学習に職業労働の基盤づくりを要請されている。こうしたドイツの大学とは異

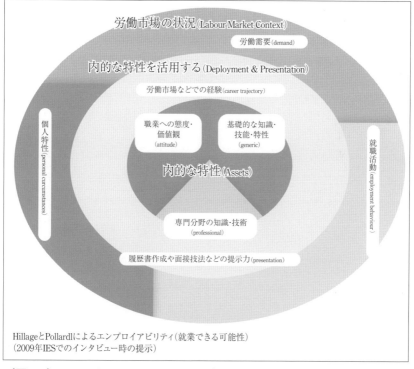

HillageとPollardlによるエンプロイアビリティ(就業できる可能性)
(2009年IESでのインタビュー時の提示)

〔図 4-2〕Hillage と Pollard によるエンプロイアビリティ（就業できる可能性）
(2009 年 IES でのインタビュー時の提示)

なり、イギリスの大学では、一般的スキルや個性育成の価値が重視されている。欧州と日本も参加した卒業生調査の結果にもとづいて、ドイツでは、在学中に多くがインターンシップや就労経験に取り組み、しかも、それを現在の専門と将来の職業を関連づけることのできる仕事によって行う学生の割合は、イギリスの卒業生の2倍以上の高さとなっているというデータを示している。そうした結果、むしろ高等教育と職業との適切な関連としての「職業的レリバンス」を適切に確保することが課題であると論じている（Teichler 2009）。

3．学校教育が目標とするもの―能力と経験―

　これまでの議論をまとめると、日本において、教育の目標として、「知識」「技能」「態度」「応用」という4次元を用いることで、義務教育修了から大学学士までを包含・統合する分類（タキソノミー）を見い出すことができる。

　また、重要なことは、「学問を立身の財本」としていくために、いわゆる抽象的な能力論に終始することなく、あわせて、卒業後の進路形成を視野に入れていくことが重要である。教育の目的は、諸教育活動において個別の能力形成目標（ディプロマ・ポリシー）を挙げておくだけでなく、そうした諸能力形成の結果を携えて、卒業生に適切に職業への移行、初期キャリア形成へのスタートを切らせることである。

　この意味で、欧州でさかんに議論されてきた「エンプロヤビリティ」の観点が重要である。英国での議論にあるように、「エンプロヤビリティ」を個々人の能力（内的特性）に還元するのではなく、就職へ向けた諸経験やノウハウ、現実の環境理解までも含めて論じることが重要である。

　日本の、大学等を卒業した新規学卒就職者も、景気循環のサイクルにもよるが、雇用か失業かという意味での「エンプロヤビリティ」が問題となることは少ないかもしれない。

　しかし、大学等における「ガイダンスの機能の義務化」に応じて行われる諸教育指導による経験は、短期間のインターンシップなども含めて、職業への移行から、初期キャリア形成に向けたキャリアプランの形成へ

の支援として有効であり、不可欠の活動となっている。教育プログラム
を能力形成だけでなく、諸経験の提供という観点から評価しようとする
とき、「エンプロヤビリティ」論が有効になってくるのである。職業へ
の移行と初期キャリア形成への諸経験としてインターンシップ等の指導
を位置付けるために、学修成果の位置づけ方にも日本的キャリア形成モ
デルを踏まえた工夫が必要となっているのである。

　大学の人文・社会科学系卒業者の職業は、多く事務従事者に分類され、
これは、諸外国にはほとんど見られない日本的な職業構造の特長である。
大卒ホワイトカラー層は、公務員・大企業を中心に発達してきた新規学
卒定期一括採用による事務系総合職としての就職し、就職時点では専門
的知識・技術などを特に必要としない現場の事務、営業等の業務を経験
する。しかしその職業は固定的に個人に当てはめられるのではなく、各
人はその後の初期キャリア形成の段階でのOJTなどの手厚い企業内訓
練を経て、多くが徐々に管理的職業に就いていく。インターンシップも
そうした個人の初期キャリア形成、能力形成の長期のスパンのなかで評
価される経験として考えることが重要であろう。日本では、大卒採用時
には一定期間の継続就業を見込んでの採用がなされていることから、労
働市場はジョブ型ではなくメンバーシップ型であると論じられている。
大学での教育の成果を考えてみれば、就職後現場投入後の一定の期間を
経て、大卒者の知識・技術に相応しい職務を始めた段階で評価されるべ
きであるという第2部第12章で検討する「教育の遅効性モデル」（吉本
2004）も、こうした職業構造を前提として整合的に理解されるのである。

第2部

＜教育の方法＞
学術と職業を往還する
学びと教育

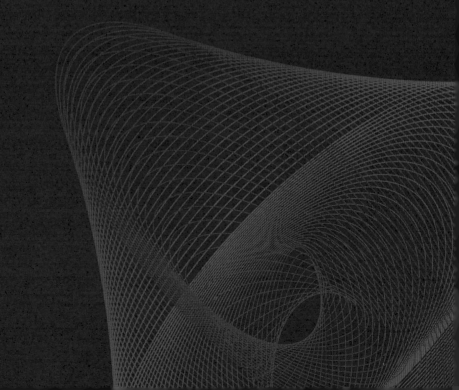

第2部では、学術と職業を往還する学びと教育の方法に焦点をあてる。もっとも濃厚な学術と職業との往還のモデルは、ドイツ語圏のデュアル・システムであり、第5章ではそのモデルの検討から始める。日本においては、社会的自立にむけて、また移行にかかる問題の改善方策として、職場体験とインターンシップの導入が進み、それがキャリア教育として語られ、断片的な理解と包括的な批判とをうけながら今日に至っている。こうした批判の中で、初等・中等教育においてはキャリア教育が学習指導の基本原則として理解され、個人の動機付けと教育一般の課題へと拡大しながら、反面で拡散しつつある。

　第6章では、学術と職業を往還するキャリア教育として特に政策的にも推進が図られてきたて職場体験とインターンシップの展開をたどる。

　そして第7章で今日広く教育の改善の方向として論じられるアクティブ・ラーニングをとりあげ、むしろその問題点を指摘し、それに代わる方法論として職業統合的学習（Work Integrated Learning：WIL）を提起する。

　教室内での教育上の工夫に矮小化されたアクティブ・ラーニングが、学校現場での取り込みやすさから急速に一般化していることについての問題を指摘する。インターンシップが学術と職業との往還という重要な要素を持ちながら日本的な教育社会的文脈の中で学内での学生・生徒の囲い込みとしてのアクティブ・ラーニングに帰結しているのに対して、その脱構築として、職業を学習に統合していくというインターンシップの本来的な課題を的確に表現する概念として、職業統合的学習（WIL）を検討していく。

第5章

学術と職業の往還で学ぶ

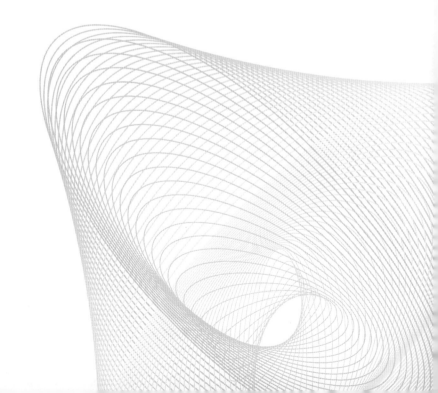

1．職業（Occupation）の連続性と教育
1．1．教養教育と職業教育

　第2部では、キャリアを拓く教育の原理や方法とは何か、あるいはキャリア教育・職業教育の方法的特質について考えたい。

　教育基本法の第2条の2項には、教育の目標として「職業及び生活との関連を重視し、勤労を重んずる態度を養うこと」と規定されている。勤労という言葉については、第2章で論じた、職業のもつ「天国性」と「地獄性」を考慮しつつ、幼稚園から大学院まで日本中のあらゆる教育が、そこに目標の照準を当てていくことが求められている。もちろん、職業に関わらない「キャリア教育」もあり得るが、本書では、この目標に関わって職業やキャリアへとつながっていく教育の在り方を検討していく。

　教育の世界と職業の世界というのは、本来、水と油のように相反するところもあるようにも見える。教育の世界は幅広い文脈に応用できる概念concept を探究するのに対し、職業の世界は適切な概念を組み合わせる現場の文脈context をというふうに方向性が違っている。教育の中でも、concept 中心の学術型の教育と context に関わる職業型の教育というような内部の違いもある。

　20 世紀初頭、デューイは職業教育の充実に関して、次のように教養教育と職業教育の分裂の問題を論じる。

　　「教育における、労働と閑暇、理論と実践、身体と精神、精神の状態と外界との対立の基礎をなしている知的前提を頭の中で再吟味すれば、それらの対立がついには職業教育と教養教育の対立に達することが明らかになるだろう。」（デューイ 1916、訳書下・170 頁）

　　「これまで教育史に現れたもっとも根深い対立は、おそらく有用な労働の準備としての教育と閑暇の生活のための教育との対立であろう。」（訳書下・91 頁）

「教養教育の、職業教育や産業教育からの分離は、ギリシャ時代
にまでさかのぼることができ、生活のために労働しなければなら
ないものと、その必要を免れているものへの、階級の分裂に基づ
いて、はっきり定式化されたのである。」(訳書下・91頁)

「単なる技術の修得や、単なる外的成果の蓄積は、理解や鑑賞的共
感や、概念の自由な活動よりも下等なものであり、それらに従属
するものである、と考えた点では、アリストテレスは永久に正し
かったのである。もし誤りがあったとすれば、それは両者の必然
的な乖離を課程していたことにあった。」(訳書下・98頁)

　杉村（1997）に、「良い仕事」の思想としても紹介されているが、2000
年前のギリシア時代には体を用いる仕事への軽視があり、そのため学術
的教育のほうが職業的教育より上であるという考えがあったようであ
る。しかし、デューイは、本来は両方の統合的なところが重要であり、
両者の乖離を仮定してはいけないと言っているのである。

１．２．教育と職業をつなぐ教育の原理／その連続性と相互作用
　デューイ（1916）は、また職業のための教育に関わって、職業を次の
ように表現する。

　「仕事（occupation）とは目的を持つ連続的な活動である。したがっ
て、仕事を通じての教育は他のどんな方法よりも、学習を促す要
素をたくさんその内部に結合しているのである。」(デューイ1916、
訳書下・174頁)

　今日的には訳語としては「仕事」より「職業」のほうが良いようにも思
うが、ともあれ職業教育、ないし職業訓練の意義をここで示している。
これは現在でも通じることである。
　また、『経験と教育』の中での議論もふまえて、著者は、職業教育の

本質として、教育の目的を「職業のため」、教育の方法を「職業による」、教育のガバナンスも職業関係者がする「職業の」ものとし、これらがきちんと成り立った教育を充実させていくことが大切だと考えている。

　ただし、それでは養成目的となる「職業」だけをつかって、そこに向けてのみ一方向的に教育すれば良いのかとなれば、ここにデューイは反対する。基本的に、子どもの生活世界を踏まえ、それを前提としながら、かつ将来の多様な可能性を想定して職業への準備をすべきだと、次のようにいう。

　　仕事への唯一の適切な訓練は、仕事を通じての訓練である。

　　ある将来の仕事を前もって決定して、教育をそれへの厳しい準備とすると、現在の発達の可能性を損なうことになる、それに代わるべきただ一つの方法は、初期の職業への準備教育をすべて直接的であるよりもむしろ間接的なものにすること、すなわち、生徒のその時の要求や教務が必要とする活動的作業に従事させることを通して行うことである（デューイ 1916、訳書下・175-176 頁）。

　さらに、キャリア教育や職業教育をどう評価するかについて、デューイ（1938）は『経験と教育』の中でこういう。

　　相互に能動的に結合している連続性と相互作用とが、経験の教育的
　　意識と価値をはかる尺度を提供する。

　短い言葉の中からこの哲学者の含意を読み取るのは容易ではないが、想像しやすい次元で、タテの連続性とヨコの相互作用を考えて、経験による教育をすることが有効であろう。

　タテ方向の連続性に関しては、インターンシップの受講学生・生徒のキャリアの将来に向けての現在からの連続性として扱うことができる。例えばインターンシップを実施するときに、学生に注目させておきたい

　ことは、受け入れる職業現場の担当者との関りである。ギリシア神話の オデッセイの息子への助言者であったメントールから生じた用語である メンターは、ナナメの関係を持つ、「隣のお兄さん・お姉さん」といっ た存在にあたる。このメンターと交流しながら、インターンシップは、 職場を学ぶ。多くの仕事関係者との関り、その人間関係を学ぶのである が、30歳のメンターを見ることで10年後の自分を想像したりすること ができれば、それが教師であれ、反面教師であれ、連続性という意味で は有効だろう。

　ヨコ方向での相互作用として、デューイは、活動を通して関係が変化 することを示唆している。学生・生徒もそうであろうが、ここで「学校」 が変わる、「家庭」が変わる、「地域」が変わるというところまで含めた 相互作用を考えていくことが有効であろう。

　特に、今日の日本の教育基本法では、学校、家庭及び地域住民等の相 互の連携協力について、次のように規定する。

　　第十三条　学校、家庭及び地域住民その他の関係者は、教育におけ るそれぞれの役割と責任を自覚するとともに、相互の連携及び協力 に努めるものとする。

　ここでは、家庭や地域住民その他の関係者に「教育におけるそれぞれ の役割と責任」があることを言明しており、そうした機会というものが 不可欠となっており、ここで職場体験やインターンシップを通してそう した自覚を促すことが可能になる、こういう意味で相互作用が期待でき るのである。地域の教育力という意味では、インターンシップや職場体 験等をすることで、いろいろな形で子どもをとり巻くネットワークが密 になり、生徒と友だちとその保護者との三者を例にとってみても、その 三角形のネットワークが「閉じて」、より大きな教育的な力をもってい く。

　社会学では、このことをソーシャル・キャピタル「社会的資本」とし て議論する。社会的なネットワークでいえば、ネットワークが「開いて

いること」が一定の意味を持つこともあるが、ここでネットワークが「閉じていること」が、その地域における信頼を高め、それが地域の教育の力になるという仮説を用意することができる。人を育てる力が、自分の外部のコミュニティにある。その関係をつくるために、インターンシップもあれば、キャリア教育もある、ということを考える必要があるだろう。

　また、職場体験が、社会の教科の教育を変えていく、適切な導入になることも、さまざまの事例から示すことができる。一例として、ある中学校の職場体験の報告会資料では、各人の体験した職場の写真を円形に並べながら、仕事と仕事がつながっているということを考えて「仕事の輪」をつくり、それを「人の和」として、各自の体験が報告されていた。ここでは、社会的な分業に関わる教材にしている。例えば、パン屋さんが歯医者さんに通って、歯医者さんはスポーツ店でグローブを買って、というふうに、職業のサービスが連続的に回り、その逆方向にサービスの対価・報酬が回るというような、経済の循環的性格を生徒たちの経験を総合することで知ることができるのである。

1.3. 学校とコミュニティの架け橋

　100年前のデューイ（1916）は、職業教育と教養教育との乖離・対立を問題にしたが、その後、この問題をさらに追究し、両者の往還的な学校の取組としてコミュニティ・スクールに関わる実践的な提案をしていったのが、オルセン（1937）の "school and community"（『学校と地域社会』）である。

　日本で戦後、コミュニティ・スクール運動が広がるが、ここでは、デューイの影響を受けたアメリカのプラグマティズムの経験主義的な教育論が取り入れられた。そうした中の一つであるが、オルセン（1937）は学校を図5-1のような図で示している。「島の中の学校」は、「生活の本土」とは一定の距離を持って独立した世界を構成している。しかし、日常生活世界から切り離されては学校の世界も適切に働かなくなるため、「生活の本土」のコミュニティとの間に複数の橋を架けて往還していく必要

があると論じている。

　「島の中の学校」と「生活の本土」との 10 の架橋となるのは、①職業体験、②奉仕協力活動、③学校キャンプ、④長期フィールド学習、⑤調査、⑥現場見学、⑦面接、⑧校外訪問者の来訪指導、⑨視聴覚補助具、⑩図書文書資料などの活動である。

1．4．生活の本土と島の学校を往還する学習

　オルセンの島の学校を援用し、学校教育制度と実社会との関係を描いたのが図 5-2 である。一方の「生活の本土」にあるのは「職業・文脈の知（context）」であり、他方の「島の学校」には「学術・法則の知（concept）」がある。

　例えば、土木、建築と数学の関係を考えてみよう。波風を避けるための柵を作ろうと思ったら、小学校で最初に習う四則演算や分数 鶴亀算などの算数を知っていればよい。雨風をしのぐ家や塀を作ろうとする大工仕事では、材料を数え、加工するのに、そうした算術は不可欠である。それでは、中学校で学ぶ関数や方程式はどうかといえば、立派な鉄筋コンクリートの建築や構造物をつくるための、高度な構造計算をするために欠かせないものとなる。高度な数学は、より広い範囲の仕事で使われる。数学をもっと極め、高校での微積分から、さらに大学での偏微分・偏積分となるとどうだろう。一般家屋や鉄筋構造物だけでなく、さらに高波、津波などにも耐える頑丈な防潮堤をつくるためには、材料工学や流体力学など土木学の専門へ展開するための高度の数学が必要となる。

　こうして、より高度の数学があれば、社会で求められるより高度な仕事がこなせる能力を身につけることができる。

　ただし、この間に「島の学校」の中の学生・生徒にはこの学ぶことがどのように映るだろうか。「島の学校」の価値基準は、汎用性の広い、より高度な学問を学ぶという縦のベクトルが重視される。もっと言えば、タテ方向に進路を目指すとすれば、それらの高度な数学への探究は進学に係るきわめて重要な手段となる。社会で仕事をするという目的に即した高度な数学への専心が、進学のための手段に変わっていく危険がある。

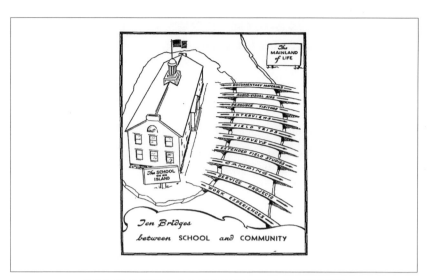

〔図 5-1〕生活の本土と島の学校を繋ぐ 10 の架け橋
出所：Olsen（1937、ix 次ページ図）

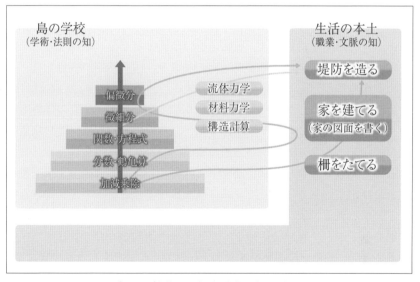

〔図 5-2〕学術の知と職業の知の往還

　「島の学校」に残り、この学問を仕事にする人を除いて、ほとんどの人が、どの時期か、「島の学校」を離れ「生活の本土」、あるいは実社会へと移行していく。この時、学ぶことが「生活の本土」で働くことに関わるのものであることを確認する。

　社会に関わるキャリアの目的のための数学が、進学の手段化していくと、社会に向けての知識・技能を獲得するという目的が遠のきかねない。そうした「社会」から遊離していかないために、その時々の学生・生徒の必要と社会の必要とを理解しながら学びを深めていくために、職場体験やインターンシップ、現場での実習を通して、ヨコや、斜めのベクトルで、ジグザグに学んでいく、2つの世界を往還という方法が重要になってくるのである。それが恒常化していくことで、学校での教育が適切な職業的なレリバンスを回復、形成できるのではないだろうか。これが本書をつらぬく「学術と職業の往還」の仮説である。

2. デュアル・システムに始まる修業と遍歴
2.1. デュアル・システム

　キャリアを拓く教育には、学校等での修業と職業等の現場での遍歴が必要となる。この学校と職業現場での学習を、同じ時期に往還しながら進める代表例が、ドイツ語圏のデュアル・システムである。

　このシステムは、中小企業の手工業や製造業などの大企業の仕事も含めて約340職種について確立されており、その訓練内容は、連邦職業教育訓練研究所（BIBB）が全国共通の職業内容と訓練内容を規定し、日々更新している。若者たちは、見習い訓練生として商工会議所・手工業会議所の指定する職業現場での訓練に取り組むのと並行して、各州教育行政下にある職業学校（BerufsSchule）で学生としての一定の広範囲の学習を進める。この二種類の活動を、たとえば1週間のうちの数日ずつに区分して行い、3年から3年半をこのデュアル・システムのなかで過ごす。

　仕事という中核に向けた試行段階という意味で「正統的周辺参加」という用語がダイレクトにあてはまるものでもあり、他方「デュアル」な学校教育部分はその一環でもあり、それと独立した価値をもつものでも

ある（レイブとウェンガー 1991、訳書 1993）。

　この「デュアル」という用語は様々に論じられ理解されるが、直接には、後期中等教育段階における半日制の職業学校と企業内での職業訓練の不可分な組合せという点、すなわち職業学校の生徒という身分と訓練生という身分の二重性を指している。そして、さらに「市場性」と「官僚性」、すなわち、職業教育・養成の供給が労働市場的になされるとともに、連邦・州が教育内容の超企業的な利用可能性を高めるための規制を行っているという二重性でもある。さらには、連邦レベルの職業教育法を通しての規制と、州レベルの学校運営の枠組みとが共存するという規制と保護の二重性もその制度のなかにある。

　このような制度の仕組みが整った往還をおこなうデュアル・システムも、近年では、高学歴化や産業構造の転換に伴って、第2次産業および中小企業での訓練供給の過剰と第3次産業および大企業での労働力需要の過剰との需給ミスマッチがあり、高学歴化の趨勢のもとでの訓練技能の広域化などの課題がたえず指摘されている。

　それらの問題にも関わらず、現在もなお多くの若者を惹きつけ、また職業への円滑な移行を支援しているメカニズムは何か。それは、企業側からみれば、とくに中小企業における人材育成確保戦略としてきわめて有効なことである。すなわち、大企業と対等に競争して労働力を確保する力の弱い中小企業にとって、訓練の場の提供が、その費用と比べて相対的に安価な訓練労働力の確保に結びつくし、州および連邦の支持を得て訓練のシステムを整備することができるのである。しかも、養成訓練の後で同一企業に残って就職する者が4〜5人に1人いるため、企業は積極的にそのどちらかの側の若者にターゲットを絞って戦略的に育成・活用することもできるのである（ゲオルグ 1997、125頁）。

　また、若者にとっては、訓練制度の中で得た技能をもって直接就職せずとも、またできなくとも、次に応募する異業種の大企業で、訓練期間に得た労働組織への順応性や社会性などを示すことで職業への移行の重要なステップとなる。あるいは、大学進学を最終目標としながらも失業回避の保険的な投資にもなりうる。すなわち、多様なインセンティブを

もった若者と企業とが、州・連邦の教育・訓練の枠組みの中で協働・格闘しているのが、このデュアル・システムなのである。

2.2. 大学とデュアル・システムの共存

　今日のドイツでは、こうした典型的な15歳になってすぐにデュアル・システムに入る若者は以前と比べて少なくなっているが、それでも、進学向け高校（ギムナジウム）を経て大学入学資格を取得した後に見習い訓練に向かう若者も含めて、ドイツの若者全体の約半数が、こうした職業教育訓練を経験している。

　このような確立した職業教育訓練体系は、大学や就業後の継続職業教育訓練の領域ではみられない。また、職業領域としても、医療、看護やコメディカル領域もこのデュアル・システムの範囲外となっている。しかし、それらの領域でも、いかにして、デュアル・システムのモデルを参照して、学校と職場の往還による教育を施すか、知識や技能についての「修業」と、現場の個別文脈に即応する「遍歴」との組み合わせを模索している。

　大学においても、デュアル・システムの大学版とでもいうべき「デュアル学習プログラム（DualStudienGang）」が、工学やマネジメントなどの分野を中心に広がっている。

2.3. 親方（マイスター）への道としての修業と遍歴

　ドイツで中等教育段階の3年余のデュアル・システムを修了すると、専門職人（Facharbeiter）となる。その後に、さらに数年の「修業」や「遍歴」を経て、ドイツでの職業における頂点として尊敬の対象となる親方（Meitster）資格を得ることができる。職業教育訓練の仕上がりイメージとなる。特にこれから示す遍歴職人は、見習い訓練での「修業」を終えてのさまざまの親方を「遍歴」するのが、19世紀にはごく一般的な親方への道であった。そこには、ゲーテが、小説において構想したウィルヘルム・マイスターの「修業」時代と「遍歴」時代の組み合わせとも符合するようにみえる。

ドイツの遍歴職人（Walz、英語 journeyman）は、先のデュアル・システムなどの見習い訓練を終えて専門職人となり、そこから次に親方を目指すキャリアの経路のひとつである。歴史的には、16-7世紀頃には、手工業の親方への途としてほぼ不可欠な要素となったとされ、19世紀まで一般的な親方への途として広がっていた。それは、手工業ツンフト（職人組合）がもはや親方を受け入れることのできない飽和状態に達し、親方にとっては優れた弟子が自らの地位や職への脅威となるため、その放逐の仕組みとしてできたという説明が歴史家の見解の一致するところであるという（藤田幸一郎『手工業の名誉と遍歴職人』未来社、1994年）。しかし、そうした事情とともに、さまざまな親方の下での修業を行うことで、異なる現場条件の下での技術・技能のイノベーションに巡り合わせるという随伴的な効果も生んだと推察される。

　ここで、著者がドイツ滞在中に偶然に遭遇した遍歴職人Aさんを紹介しよう（図5-3）。彼女は27歳、見習い訓練を終えて専門職人となっており、私が出会ったときは遍歴職人の2年目の修業途上だった。高校卒業時に大学入学資格を得た後、南アフリカなどを旅するなどした後、

〔図5-3〕再会時に自転車に乗る遍歴職人

鍛冶職人になることを志し見習い訓練（先のデュアル・システムのうちの見習い訓練部分）を受けている。私が出会ったのは、6月初旬暑さの本格化するドイツの街中を、真っ黒な装束で歩いていたところに遭遇し、こちらから声を掛け、いろいろな話を聞くことができた。

　この時の洋服は、ベストとジャケット（ベストは8つボタン、ジャケットは6つボタンで、毎日8時間・週6日間働きますという求職アピール）、ズボン、帽子も、頑丈な靴も黒である。それはこの修業をしている仕事が鍛冶職人（英語で BlackSmith という職名）のためであり、銀職人（Silversmith）の場合にはグレーの色であったりする。彼女の職人組合（Zunft）のルールでは、遍歴職人に取り組むことのできる資格としては未婚で30歳以下。所持金なしで、故郷から50キロメートル以上離れた地域で、3年と1日、さまざまの土地の親方から指導を受けて仕事を行う。

　遍歴職人は必ず遍歴手帳を帯同していなければならず、各地で親方に訓練を受け入れてもらったり、遍歴職人宿に宿泊したりする際のパスポートとなっている。遍歴手帳にはAさんが親方の指導の下で釘を3600本仕上げたということを親方が証明している。この手帳には、自宅から50kmの立ち入り禁止圏や、ほんとにいざとなった時に使えるよう旅銭が貼り付けられている。

　移動には公共交通を使わず、主に徒歩（彼女に1年後に会ったときには自転車をもらったということで自転車を使っていた）で移動する。宿泊は、ホテルなどには宿泊できず、以前であれば多くの都市に存在した遍歴職人宿に宿泊できたであろうが、現在はその数も激減し、親方宅や宿の無償提供があればよいが、それがなければ野宿もあるため、シュラフを持参している。

　彼女の場合、ドイツ国内にとどまらず、イギリス、スイス、ブルガリアなどで親方を捜して遍歴の旅と、様々な親方のもとで修業をし、また2004年の東南アジアの津波復興支援として、仲間の遍歴職人が集ってスリランカにチャーター飛行機で移動し、復興のための住居建築のボランティアをするなどの経験をしている。図5-3は1年後に再会したとき

には、自転車を知人から譲り受けこれを移動に使うことが許可されていた。遍歴職人の期間が終われば、出発時に村はずれで穴を掘って埋め、半分ほど残った酒（シュナプス）の瓶を掘り出し、家族や友人と再会し遍歴の成功の祝宴をするのを楽しみにしていると語ってくれた。地元で親方になって仕事を始めるのかと聞くと、遍歴の途上のチューリヒで指導を受けた親方のところで一緒に仕事をすることにしているという。ドイツの職人というと、毎日こつこつと同じ仕事を定型通りにこなすといった堅苦しいイメージがあるが、こういうふうに旅をし、いろんな苦労体験をしながら、職人への基礎を形成し飛躍していく制度も備わっている。つまり、「かわいい子には旅をさせろ」という文化が息づいているということであろうか。

　ちなみに、第2章で論じたラテン語からフランス語系の労苦としての職業を意味する travail は、英語の ravail（苦労）、travel（旅）へと転用されており、職業と苦労と旅とはセットなって理解できるのかもしれない。

3．学ぶことと働くことの順序性：日独の比較

　ドイツでは、いま親方への途として遍歴職人に取り組んでいるのは1,000人以下と少数になっているが、そうした制度は、他の分野でも同様に見ることができる。大学内での学習においても、ドイツ内の大学は原理的に同等であるため学期単位で転学していくことが容易にできる。

　また、大学教員にしても、内部就任・昇進についての自己規制の制度が広がり、昇任するためには他の大学に応募する形を原則としている。欧州中で教員と学生の一時的・恒久の移動を許容・推奨しており、中世の人文学者のエラスムスになぞらえた欧州内大学間交流の制度が導入・展開していることなども、共通して理解できるキャリアを拓く方法である。

　このように、ドイツ社会では「修業」にくわえて「遍歴」が規範的な色彩を帯びているとみえる。ドイツからふり返って日本をみると、若者の大学での学び方も決定的に異なっているように思える。

　日本の大学教育は、どうすれば仕事やキャリアに向けて有用なものに

なるのかという悩ましい問いがある。第3部で往還する学びの効用を解明していくが、少し関連する点をここで少し先取りして紹介しておく。卒業生に調査（日欧比較調査）してみると、日本では、大学で学んだことを職場であまり活用していないと言う。一方、ドイツをはじめとするヨーロッパは、大学で学んだことが職場で役に立っていると回答する者が多い。

　このことをどう解釈するのか、ここでの著者の仮説は、大学を卒業する年齢の問題ではないかと思う。日本ではほとんどの若者が高校卒業直後あるいは1年後に大学や短大・専門学校などに進学し、そして大学の卒業はほぼ22歳である。

　しかし、世界的には、大学卒業年齢はバラバラである平均すれば高校卒業から一定のギャップがあるところがほとんどである。つまり、大学というものの位置づけが全く違う。ドイツの場合、旅をしてから仕事を選び、また大学に行く。こういう生き方をしようと覚悟ができた後で大学の門を叩く。だから、大学で学ぶことがこれから生きていくことと直結する。

　結局のところ、第10章で論じることになるが、どの国でも30歳くらいで社会的に一人前になるのではないか、というのが著者の仮説である。日本も、これまで企業内での長い修業期間を通して社会的に一人前にしていた。これからは、モラトリアムを積極的に活用し、いろんな経験をした後で目標が明確になってから大学で学ぶ、あるいは大学を卒業してからのモラトリアムとしての遍歴を許容する、そういう社会に日本も変わるべきではないのだろうか。

第6章

職場体験・インターンシップの日本的展開

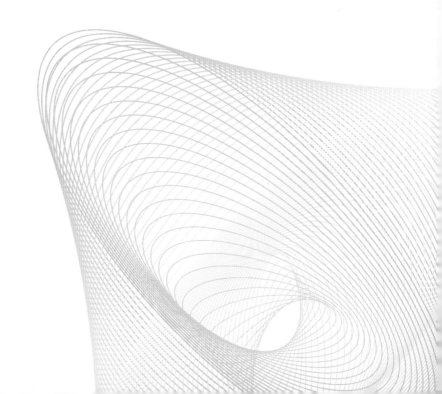

1．各教育段階における職場体験とインターンシップの実施

1．1．中学校の職場体験

　中学校での職場体験は、普及率からみて、近年の最も成功した活動の一つである。国立教育政策研究所の実施状況の調査報告によれば、2017年度の場合、公立中学校の98.6％が実施し、全体の12.0％は5日間実施であった。教育課程等への位置付けの状況等については、主に「総合的な学習の時間」、「特別活動の学校行事」などであり、参加形態は「原則として全員参加」である。

　いまこれほどの普及をしている中学校の職場体験も、1998年以上にはほとんど例外的な活動であった。その取組のルーツは、1998年にスタートした兵庫県の「トライ・やる・ウイーク」である。これは、その活動の直接的な背景として、1997年の中学生による小学生の殺人という痛ましい出来事があった。今日PTSD（心的外傷後ストレス障害）として一般に知られているが、兵庫県教育委員会は、この事件を、1995年の阪神・淡路大震災の後の復興との関わりでとらえ、「心の教育」への取組を始めたのである。1998年に、県内の全ての公立中学校が、秋のある一週間、月曜日から金曜日までの5日間を、生徒が学校外で過ごし、地域社会の人々とふれあう機会をつくることとして始まった。実施している活動は、2004（平成16）年の場合でみると、職場体験活動（79.2％）、ボランティア・福祉体験活動（7.9％）、文化・芸術創作活動（5.7％）、勤労生産活動（3.5％）等となっている。

1．2．高校のインターンシップ

　高校のインターンシップについては、資格取得のための実習まで含むものとして理解されており、職業の専門学科の多くでその設置段階から実施されてきたものも多く、その他にも特別活動にかかる啓発的経験としての職場体験や、課題研究の一環としての企業実習等も多く展開してきた。しかし、普通科のインターンシップなどは、国のキャリア教育への取組みとともに急速な普及をしつつある。

　国立教育政策研究所の調査によれば、2017年度の場合、公立高校の

84.4％が実施していると報告されている。一見、中学校の職場体験と同様の普及率のようにもみえるが、私立高校ではまだ45.9％、普通科では65.9％など、学校による違いも大きいし、インターンシップ参加生徒数という点でも、在学中に１度でもインターンシップに参加した生徒比率は26％にとどまると推計されている。

１．３．大学等のインターンシップ

　大学のインターンシップについては、多様な実施形態実施形態があり、高校までとは異なり、企業等が実施しているものがあり、後述するようにその取組の性格も多様であるため、全貌を把握することは容易でない。

　まず、文部科学省の調査によれは、インターンシップを単位認定している大学と、単位認定はしていないが学生の参加状況を把握・関与している大学を合計すると88.3％となっている。参加学生数・参加率でみると、単位認定されるインターンシップと単位認定されないインターンシップに参加した学生を合計すれば23.2％という。これをみると、高校と同程度には普及していると見ることもできそうであるが、インターンシップという範囲の扱い方に留意していく必要がある。

　一方では、インターンシップと同等以上の機能を持った取組が除かれていることである。単位認定されるインターンシップには、特定の資格取得のために現場で実施する実習（例：教育実習、看護実習、臨床実習等）を除くという、日本の三省合意ではじまったインターンシップ固有の定義が適用されている。

　また、参加率については、高校の調査において「在学中に一度でもインターンシップ参加した生徒」という在学者の学習展開という軸で推計がなされているのに対して、大学の調査の場合には、全学年の在学生数を分母とするという集計となっている。この分母には、上述の教員養成学部、看護系学部、医学部等が含まれているので、母数と参加数とが対応していないということも相まって、やや理解しにくい数字である。

　他方で、この調査自体でもともと識別されているように、「単位認定しているもの」と「単位認定はしていないが学生の参加状況を把握・関

与しているもの」が含まれている。後者は、授業科目以外（正課外）で行われるインターンシップであり、大学等を通じて対応しているもの（大学等のキャリアセンター等が窓口となって組織としてインターンシップの紹介・斡旋するなど大学等が把握・関与しているもののみ）を指すとされている。この場合には、大学の組織が主体となって企業等を紹介・斡旋しているという場合と、他の企業等が募集するインターンシップを大学は窓口として仲介しているものの両方を含むことになる。

　前者の単位認定するインターンシップを実施している大学は81.6％であり、先述した全体の数字とさして変わりないが、参加学生数でみれば、2.8％という、めざましく低い数字が報告されている。

　いま社会で一般的に市民権を得ている大学生の「インターンシップ」という用語は、つまり大学が単位認定するインターンシップを指していないということである。社会で通用している大学「インターンシップ」として、むしろ大学が仲介・斡旋せず、募集する企業等に学生が直接申し込むものが広がり、それらは採用を直接目的とするものが多くあり、それが学生や一般の会話の中での「インターンシップ」となっているのである。

　この点について、文科省「『インターンシップの推進等に関する調査研究協力者会議』（2017年6月16日）における議論のとりまとめ」では、インターンシップの量的実態について、2つの異なる数値の報告がなされている。つまり、大学機関単位での調査による学生の単位化されたインターンシップ経験率2.6％に対して、学生への調査による大学4-6年生での経験率「38.5％」である。このインターンシップ経験率の不一致から、以下の三点の検討が必要、つまり学生の学習把握と大学の業務報告の違いであり、企業主導インターンシップの計上・非計上の違い、そして資格取得要件としての実習の位置づけの考慮の問題である。

　著者のみるところ、実態として、日本的インターンシップ等は形式的には完成している。つまり、上記3点を考慮すると、非資格系学部では、在学中に27.2％が何らかの単位化されたインターンシップを経験していると推計することもできるからである。企業主導だが「1日型」ではな

い、かつ「大学等との実施目的のすりあわせを行っている」インターン
シップの経験率は 6.7％、資格系では資格取得のための実習は 100％で
あり、これに非資格系で 34％（27％は単位化されたもの、7％は単位化
されないが大学の教育目的にそったもの）となる。今日のインターンシ
ップ等の職業にかかる学外体験学習は、むしろ「全ての学生にインター
ンシップ等の学外体験的学習」という政策的関心に近い量的実態形とみ
ることもできるわけである。

2. インターンシップの日本的展開
2.1. 1990 年代末からの職場体験とインターンシップの急速な普及
　キャリア教育の代表的な方法論のひとつが、学外での就業体験的活動
としての、小中学校での職場体験、高校・大学等でのインターンシップ
がある。日本の職場体験とインターンシップは、前節で示したように、
それぞれ異なるルーツを辿りながら 1990 年代末から導入され、この 20
年間で急速な普及を見せた。まずそれらの普及の動向を確認してみよう。
　さまざまの教育改革への提言の下で、職場体験やインターンシップに
限らず、多くの新しい取組が政策的に推進される時には、高校段階まで
の研究指定校や大学等での COE など補助金事業等が並行して行われ、
政策的なインセンティブが用意される。しかし、それまでの現場にない
新しい政策が導入され、形式的に広がる場合には、特にそれが急速に拡
がる場合には、その政策の目的や方法についての十分な理解がないまま、
皮相的な理解の下で施策導入が進んだことがある場合も生じる。
　職場体験とインターンシップは、教育の改革にむけた重要な取り組み
であると著者は確信しているが、これらがその拡がりにもかかわらず、
価値ある取り組みとしての評価を得られていないのは、そうした活動の
理解の深まりのないままでの活動の先行という実態も影響していると思
われる。
　キャリア教育を疑問視・否定する論者は多い。大別すると、(1) ある
種貧弱な職場体験・インターンシップだけでキャリア教育が語られてい
るというもの、(2) 就職対策だけに限定されているというもの、他方で

(3) 進路指導以外の学校の教育活動全般に広がり教育そのものと区別がつかなくなっているというもの、(4) 社会人基礎力や汎用的技能など抽象的な能力論だけが飛び交っているという点を著者は加えておきたい。

とりわけ、1日から5日間の職場体験や、2週間程度のインターンシップの貧弱さは多く指摘されている (例えば児美川 (2013) など)。こうした批判に一定の共感ができるけれども、その問題の根源は、キャリア教育と職場体験・インターンシップの関係の本質的な問題ではなく、上述の教育政策導入のスピードに活動コンセプト理解が追いつかないためであって、いまの現状から職場体験の今後の可能性を否定すべきではないと考えている。

2.2.三省合意による大学インターンシップの拡大と限界

日本の大学等のインターンシップは、1997 (平成9) 年に政府の「教育改革プログラム」と「経済構造の変革と創造のための行動計画」で提起され、当時の文部省、労働省、通商産業省による三省の合意文書『インターンシップの推進に当たっての基本的考え方』、いわゆる「三省合意」を基本理念として普及してく。ここでのインターンシップとは、「学生が在学中に自らの専攻、将来のキャリアに関連した就業体験を行うこと」と広義に定義され、その後20年間にわたって政策的に支援され拡大を遂げてきた。しかし、今日「自らの専攻、将来のキャリアに関連した」という、教育と就職採用の統合すべき二つのコンセプト間に溝が生じつつある。

〔表6-1〕大学インターンシップの実施期間

		1週間未満	1週間～2週間未満	2週間～1か月未満	1カ月～3カ月未満	3か月以上	計
1997年	大学単位でのインターンシップの代表的な期間 (学年単位での複数回答を構成比に換算)	7.9	44.6	38.1	5.8	3.6	100.0
2007年	大学単位でのインターンシップの代表的な期間 (構成比)	34.8	39.5	20.3	5.3	0.0	100.0
2016年	学生単位での構成比	20.6	35.6	30.2	8.7	4.9	100.0

出所) 文部科学省『大学等におけるインターンシップの実施状況』(各年盤)

　大学での実施率は、1996 年 16.7％から 2007 年 67.7％、2017 年へと飛躍的な拡大を遂げている。そこには、マス化・ユニバーサル化への構造変容に応じた大学改革への取組としての諸外国との共通性も読みとれる。ただし、日本の場合には、活動内容の充実や学校・企業の対話・連携が適切に進んでおらず、名称の一人歩きという点も否めない。企業側の要請との十分な調整なしに導入が進んだ。

　さらに、民間業者の海外体験学習プログラムや企業からの採用目的の短期ワークショップなどで「インターンシップ」の名称が多用されている。

　他方で、本来機能的に近似するはずの、教育実習や、保健・医療領域の臨地実習・教育実習など資格取得にかかる実習活動は、三省合意の中では、追加の政策的支援を必要としないためインターンシップとは別概念として取り扱われている。こうした現実が、インターンシップの内包的規定と外延的規定の調和を困難にし、理論的発展を困難にしている。

２.３. 大学インターンシップのキャリア教育的位置づけ

　大学インターンシップを推進していくには、どうすればよいか。それは「キャリア教育としてのインターンシップ」を基礎におくことである。若者の自立・挑戦は、いまや小学校から大学院まで、また学校卒業後に職業キャリアを開始させてからも重要な課題となっている。そこで重要なのは、進路変更を未然に防ぐというよりも、進路変更・再挑戦のための十分な機会を用意しながら、そうした可能性も含めて進路を考えさせるための「キャリア教育」という視点である。つまり、インターンシップに対して、一直線にキャリアを形成していくための早期離職の防止という役割まで負わせる必要はないのである。

　いま日本の大学で取り組んでいるインターンシップは、小さな「旅」である。インターンシップの効用は、緻密に計画された学校という世界の外で、メンターとなる先輩社員・職員と遭遇しながら、職業の現場経験を通して、自分で将来のキャリアのストーリーをつくりあげる学習過程であり、一瞬一瞬の真剣な取り組みがその成果を左右する。その職場

の知識・技術体系を学ぶには短すぎるかもしれないけれども、ある程度の時間を投下することで、大学に戻り、「旅」の心地よい疲労感・虚脱感を経て、その後で効用を味わうことができるだろう。「旅」の後には日常があるが、この日常が「旅」の後で違って見えるようになったら「旅」としては成功である。

　大学として考えるべきは、どのようにインターンシップの効用を高めるかである。大学での専門的な教育とインターンシップで学んだこととの関係をどれほど考えることができるかという点にある。一方で高度専門人材育成をめざして、医者の臨床実習や卒業後のインターン、教員の教育実習などの専門直結型の実習をインターンシップのモデルとすれば、そうした関係探索型あるいはトポロジー理解のための教育機能は基礎的、準備的なものとして背景に退いてしまう。

　他方で就職・キャリア支援でエンプロイアビリティを強調して、マナーやコミュニケーション技術、コンピュータスキルだけに終始していても、大学教育のコアとは結びつかない。すなわち、就職直結型でない学部専門教育と一定の距離・関係をもったインターンシップを考えてみることが必要である。

２.４. 就職採用コンセプトのインターンシップ

　このように、政策的に支援されながらもインターンシップは、現実には「一部の学生」対象の、「短期」「無報酬」「雇用と結びつかない」「教育課程とも統合されていない」「学内外の連携が十分に確立されていない」ものだった。それは、諸外国における internship とは異なる展開（吉本2006）であり、その象徴が教育と就職採用というコンセプト統合問題である。

　日本の学校から職業への移行システムは、インターンシップの日本的特性の与件（吉本2004）であり、就職協定をめぐる葛藤がその導入の直接の引き金となった。すなわち、日本的雇用慣行のもとでの新規学卒定期一括採用による学校から職業生活への円滑な移行システムは、OECD（2000）などで国際的に高く評価されてきた。しかし、在学中の早期短

期マッチングの仕組みは、反面では教育内容と職業能力との接続が想定されておらず（吉本1991）、1990年代になると日本経営者団体連盟（1995）などで新規学卒人材の養成のあり方が模索された。就職協定は、青田買いに向かおうとする企業側と、就職活動開始時期を遅らそうとする学校・大学側との妥協のルールであり、再三にわたる調整の末、最終的に文部省・労働省がこの調整過程から手を引き、1996年に就職協定は廃止される。それ以後、大学側での申し合わせと企業側での倫理憲章から指針へと、このルールは徐々に弛緩していく。

　インターンシップは、こうした就職協定をめぐる葛藤の緩衝材として導入され、就職採用コンセプトが期待されながらも採用との直結を禁じた「三省合意」が成立した。大学主導で企業の採用活動メリットが小さいインターンシップを普及させようとすれば、協力の得られる実施期間はせいぜい1～2週間にとどまらざるを得なかった。

　2010年代に入ると、企業側が独自に展開する、さらに短期のインターンシップが拡大する。日本経済団体連合会（2017）「採用選考に関する指針」、『「採用選考に関する指針」の手引き』、その「手引きの改定について」では、従来言及されていた「5日間以上」という原則が外され、「1日型インターンシップ」なども認めている。

　ここでは、「教育的効果が乏しく、企業の広報活動や、その後の選考活動につながるような1日限りのプログラムは実施しないこと」と明記されている。文部科学省（2017）の調査でも、教育コンセプトを欠いた採用目的の、また「1日型のインターンシップ」拡大の実態が明らかになっている。こうして企業主導のインターンシップにおいて、就職採用コンセプトへの傾斜、教育コンセプトからの乖離が進んでいるのである。

第7章

アクティブ・ラーニングから職業統合的学習（WIL）へ

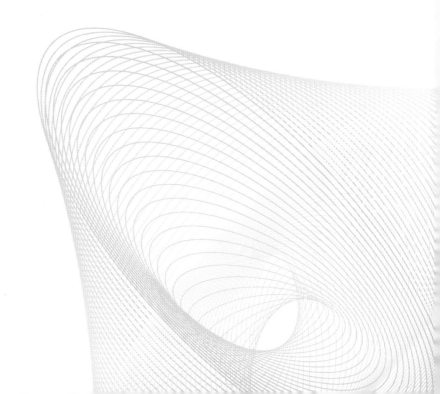

1. インターンシップとアクティブ・ラーニング

1.1. アクティブ・ラーニングの登場とインターンシップ

　本書第2章で検討してきたように、21世紀にはいり、職業への移行にかかる教育の諸課題が検討される中で、2011年には中教審答申で全ての教育段階におけるキャリア教育が提起され、また大学段階でも、大学設置基準第42条の厚生補導組織についての条文の次に、第42条の2として、いわゆるキャリア・ガイダンスの義務化が規定された。

　この間、前章で検討したように、学術と職業を往還するインターンシップが一定の普及を見せ、その教育学的な位置づけとしてのキャリア教育の重要な教育の方法のひとつとされるようになった。

　そこに、おそらく全く別の角度からの提起ではあるが、しかし密接に関連するコンセプトが登場した。2012年の中教審『新たな未来を築くための大学教育の質的転換に向けて～生涯学び続け、主体的に考える力を育成する大学へ（答申）』の「アクティブ・ラーニング（能動的学修）」である。

　これは、大学教育のモデルとして提起されたものであるが、そもそも学校教育的な発想とも思われる。すなわち、中教審（2012）では、日本の大学での学習時間の短さを批判しつつ、「能動的学修」を促し、「質を伴った学習時間の確保」を求めることとなった。ここでの能動的学修は、アクティブ・ラーニングを指し、次のように言及されている。

　　教員と学生が意思疎通を図りつつ、一緒になって切磋琢磨し、相互に刺激を与えながら知的に成長する場を創り、学生が主体的に問題を発見し解を見いだしていく能動的学修（アクティブ・ラーニング）への転換が必要である。

　　すなわち個々の学生の認知的、倫理的、社会的能力を引き出し、それを鍛えるディスカッションやディベートといった双方向の講義、演習、実験、実習や実技等を中心とした授業への転換によって、学生の主体的な学修を促す質の高い学士課程教育を進めることが求め

られる。

　　従来の教育とは質の異なるこのような学修のためには、学生に授業
　のための事前の準備（資料の下調べや読書、思考、学生同士のディ
　スカッション、他の専門家等とのコミュニケーション等）、授業の
　受講（教員の直接指導、その中での教員と学生、学生同士の対話や
　意思疎通）や事後の展開（授業内容の確認や理解の深化のための探
　究等）を促す教育上の工夫、インターンシップやサービス・ラーニ
　ング、留学体験といった教室外学修プログラム等の提供が必要であ
　る。

とされている。活動事例としてのインターンシップ、サービス・ラーニ
ング、留学体験など教室外のプログラムについては、十分にキャリア教
育の延長上で位置づけることのできる能動的な学習にあたる。
　他方、いま普及しているのは、むしろ、教室内での「学生に授業のた
めの事前の準備や事後の展開を促す教育上の工夫」の方である。これは、
大学での学ぶ目的や学習への主体的な取組への転換が必要な大学入学初
期段階の教育の観点として、またインターンシップ導入が進まない中で
日々の教科の授業の中で十分取り組める教育上の工夫として高校段階で
も関心が広がってる。
　このアクティブ・ラーニングについて、多数の活動の例示がなされ、
ディベートを取り入れた授業や反転学習など、教育改善へのさまざまな
ヒントが生み出され、取り組まれるようになっている。しかし、何が学
生をアクティブにするのか、内包的な議論がなく、方法論としての例示
ばかりが続く、つまり外延がつぎつぎ拡大するばかりである。何か教育
上の工夫をしていれば、それなりにアクティブ・ラーニングに取り組ん
でいると主張することもできそうである。また、そのために大学生の学
修時間を増やすように求めているが、学生のアルバイトをどのように考
えていくのか、考慮がほとんどなされないままである。とても、能動的
学習へのゆとりある学生生活を送らせることはできない要求となってし

まうという問題も考えておく必要がある。

　アクティブ・ラーニングのもうひとつの問題は、あれこれの教育活動が「汎用的能力」を育成する、つまりは、キャリア教育に期待された諸能力と同様の能力の涵養を担うことができるというロジックである。

　こうなると、キャリア教育とアクティブ・ラーニングの線引きをどこに置くのか悩ましいところである。

　ディベートのテクニックを学ぶことが、現実社会でのどこかの場面で活用できる汎用的能力を育成するということは否定できないけれども、それは、将来のキャリアにつながるような「志向性」を含めた能力をどのように生み出すのか明らかではない。教室外の職場の現実課題へのインターンシップやPBLの取組と同等に社会への移行に冠して積極的に自己のキャリアプランを考えるようになるとは想定しにくい。

　いま、インターンシップ、キャリア教育、アクティブ・ラーニングのコンセプトの整理が必要となっている。インターンシップは、中教審(2012) で示唆するように、教室外での学習として、サービス・ラーニングやPBLなどと共通する機能をもつアクティブ・ラーニングであり、また生涯にわたる立場と役割の連鎖を展望するキャリア教育の重要な方法論である。インターンシップの要点は、企業等の学外との連携のもとで展開されることであり、実社会の現場の文脈にこそアクティブな学修を促す資源と契機があるという教育理念をもつ。そして、それ故に、地域や産業・職業の関係者を巻き込んでプログラムを編成する必要があり、そこに多くの時間と知恵が必要となるし、適切なネットワークが不可欠ともいえる。

　これに対して、教室内での教育上の工夫によるアクティブ・ラーニングは、それが小学校や中学校の教育における「生涯にわたる学習」の基礎の上に、「生涯にわたって学び続ける力、主体的に考える力」などの汎用的能力を育成しているとしても、生涯にわたる立場と役割の連鎖を想定する必要性の考慮がなされていないという点で、キャリア教育とは異なるベクトルをもった教育方法と考えるべきである。

1．2．学生を囲い込む「アクティブ・ラーニング」と学習時間

　アクティブ・ラーニングの持つもう一つの限界は、学生を囲い込むという点である。教室内での教育上の工夫としてひろがるアクティブ・ラーニングは、教育する側からの学生囲い込みロジックの中で進められているという点も検討しておきたい。前節で論じたように、キャリア教育型のアクティブ・ラーニングは、地域や産業・職業など多くの学外関係者の参画する組織的な取組を必要とする。これに対して、教育上の工夫によるアクティブ・ラーニングは教育現場のみで完結する活動となりうる。持続する改革の現場では、地域連携など手間のかかる教育理念の確立や学外を交えた組織化にじっくり向かうよりも、学内資源だけで実施可能な通常授業の改善に関心が向きやすい。これにちょっとした補助金が付加されればこうした政策は十分成功する。

　多くの大学が、真摯に学生をアクティブな学習者にしようとしていることも否定できないのだが、大学はそもそも能動的な学徒の集団・組織であるという大学起源の理念から考えてみると、ことさらにアクティブな学習の場を設定しなければならないということ自体、大学理念と論理的に矛盾する要素を拡げているとみるほかない。

　中教審答申の 2012 年におけるアクティブ・ラーニングの立論のロジックとしてアクティブ・ラーニングと並行して指摘されている学習時間の少なさの問題を考えてみると、①これからの社会変動にむけて、②生涯学び続ける力が必要である、③そのためにはインターンシップなども含めてアクティブ・ラーニングを強調する、④現実には学習時間が確保されていないためアクティブ・ラーニングができないという論の展開である。

　「質を伴った学修時間」というトートロジカルな表現は、実証による検証をあらかじめ遮断した考え方にも見える。学習時間のエビデンスを大上段に掲げて、それからどの問題を改善改革していけるのかだろう。

　ともあれ、インターンシップ等の教室外での学習がアクティブ・ラーニングに含み込まれていることは、間違いとは言えないにしても、教室内での教育上の工夫としてのアクティブ・ラーニングとは、それぞれ、

ベクトルが異なるものとして区別して議論していくべきであろう。

　今日、多くの大学では、定期的な各地での保護者会の開催や、個別の学生の履修状況への疑義への応対など、保護者への対応が教職員のタスクの大きな領域を占めるようになっている。著者の勤務する大学においても、数年前から保護者に学期ごとの成績を送付する体制をとるようになっている。保護者のいないリカレント学習を排除するロジックが個々にも見られる。そもそも、社会人と学生というカテゴリー自体、社会的に自立していない学生像を強調しており、「モラトリアム」としての青年期を適切に認識しないのではないだろうか。

２．自立的学習者としての学生を受入る成人学習学（アンドラゴジー）アプローチ

　大学が自立的な学徒の組合として始まったというのは、もはや神話でしかない。とはいえ、日本の学校教育法においても、大学は、児童生徒の「心身の発達に応じた」教育を施すとされる学校教育段階とは別の制度枠組みとしてある。そこで学習者の一定の自律性を前提としている。その意味で、大学のすべての教育は、成人学習論でいうところの成人学習学（Andragogy）を基本とするといってよいのではないだろうか。教員の目の届く範囲でのアクティブ・ラーニングを強調し、その枠を設定していくことは、いささか形容矛盾をはらんでいるようにみえる。
　ここでの成人学習学（Andragogy）とは、ノールズ（1984）によれば次の５つの要素に応える学習環境が成人学習者の学習を促進させるという。

　・自己概念（Self-concept）
　・経験（Experience）
　・学習へのレディネス（Readiness to learn）
　・学習への指向性（Orientation to learn）
　・学習への動機づけ（Motivation to learn）

　もちろん、日本の現実をみると、成人学習者としての前提で大学教育を展開できることはむしろ希であるのかもしれない。英国やドイツとの

比較においても日本の大学教育にアンドラゴジーの要素は弱い（Yoshimoto et.al. 2007）。それ故に、若年学生たちに対して、経済的に、かつ社会的にも自立させ、アクティブ・ラーニングの基礎的条件を整えていくことが先決と思われる。就業前の若年学生たちに、教室外の「経験」としてインターンシップ、サービス・ラーニング、留学体験等をとおした経験を提供していくことは、自己概念と経験をもち学習への指向性・動機付けをもつ成人学習者が居場所を見つけやすい授業環境をつくることにつながる。そうすることによって、大学の教室が、アクティブな学習の基盤的環境となるのではないだろうか。

3．インターンシップから職業統合的学習（WIL）へ
3．1．職業統合的学習（WIL）

　前章で見てきたように、1997年の文部省・労働省・通商産業省の三省合意による大学等のインターンシップが導入され、一定の量的な拡大をしてきた。その質的充実を検討するため、文部科学省は2013年に協力者会議を設置し、最終的に『インターンシップの普及及び質的充実のための推進方策について－意見のとりまとめ－』を発表している。ここでは、各委員と文部科学省とでいろいろな提案を検討した結果がとりまとめられているが、インターンシップの現状について、文部科学省（2013）は次のように言う。

　　近年、インターンシップを実施する大学は着実に増加しており、多くの大学が学生をインターンシップに参加させることを希望しているが、参加を希望する学生の数と比べて受入企業の数が少ない、又は受入企業の開拓が不足しているという現状がある。

　　インターンシップの実施期間が短期であることについては、基礎的・社会的な能力を涵養するというキャリア教育に主眼を置く場合は大きな問題とならないが、職業教育又は専門教育に主眼を置き職業的・専門的能力を形成するための就業体験としては必ずしも十分ではな

いため、プログラムの充実等による教育効果を高める工夫が不可欠
である。

　この協力者会議では、インターンシップと同等の効果が期待できるも
のとして、ワークショップや PBL、地域フィールドワーク、共同研究プ
ロジェクト、特定の資格取得を目的として実施する実習、サービス・ラ
ーニングなど多様な活動にまで視野を拡げて、つぎのような小括がなさ
れている。

　　専門教育と関係した実践的な学習として、インターンシップ、サー
　　ビス・ラーニングなどの体験活動を含めて、「職業統合的学習（Work
　　Integrated Learning: WIL）」という包括的な概念として捉えることも
　　考えられる。

　ここで 2013 年に日本で登場した職業統合的学習（Work Integrated
Learning: WIL）」^{（注1）}とは、豪州をはじめ国際的に大学教育の場で拡がっ
ている教育理念であり、さまざまの活動を含み込む包括概念である。す
なわち、「職業統合的学習（以下：WIL）」とは、以下の様に定義できる。

　　「目的を持ってデザインされたカリキュラムの中で理論と職業実践
　　とを統合したアプローチおよび戦略の総称」（Patrick et al.2009）

　この WIL は、豪州を中心に広がる大学等における学術と職業との往
還の教育プログラムであり、豪州ヴィクトリア大学では、当該機関のす
べての学部、専門分野の学生にそれぞれの形態でその履修を求める教育
目標理念となっている。産業界等との連携の下、各専門分野の学問体系
に基づいて、大学内での学術理論的なカリキュラムと職業実践とを統合
させた学習である。
　本書第 5 章で言及している「デュアル・システム」が養成すべき職業
のプロファイルを定義することからスタートし、そこに向けての教育訓

練がなされるのと比較してみると、WIL の場合は、大学サイドの専門
分野からスタートする。専門分野ごとに、それぞれに多様な進路の範囲
を想定し、その専門に関連する職業領域におけるさまざまの体験活動を
組みあわせて行くところに特徴がある。すなわち、WIL は、大学での
学習と職業体験的活動を関連づけることが必須の要件である。さらには、
実際の運用において、大学での専門分野横断的に、つまり活動内容は多
様であっても、全ての学生に求める教育活動という点での包括性も重要
なポイントである。

3.2. WIL に含まれるものと含まれないもの

　文部科学省 (2013) では、「インターンシップ、サービス・ラーニング
などの体験活動を含めて」と、WIL の範囲を控えめに表現しているが、
パトリックら (2009) の定義からは、以下の様に多様な活動がそこに含
まれる。

- ・実習 (practicum)
- ・専門実習 (professional practice)
- ・インターンシップ (internship)
- ・産業基盤学習 (industry based learning)
- ・PBL (project based learning)
- ・コーオプ教育 (co-operative education)
- ・フィールドワーク教育 (fieldwork education)
- ・サービス・ラーニング (service learning)

　日本での普及規模でみればインターンシップだけではなく、職業資格
等の養成課程として編成されている教育プログラムにある専門実習がそ
こに含まれる。前章で検討しているように、同じインターンシップとい
う用語を使いながら、高校までの資格取得のための実習はインターンと
して計上されているのに対して、大学の医学教育の臨床実習、看護教育
の臨地実習、教員養成の教育実習などはインターンシップとして計上さ

れていない。高校衛生看護科（多く専攻科併置5年一貫の看護科に改組され、2020年現在で全国数校にとどまる）の准看護師養成の臨床実習がインターンシップであり、大学の看護師養成課程の臨床実習はそうではないということはなく、教育学として両者は等価なものである[注2]。

　他方で、すでに、短期、無報酬で、雇用や労働に結びつかない、産業・企業との連携が弱く、大学カリキュラムにしっかり統合されていないインターンシップが普及し、他方で純粋採用活動の一貫であるものもインターンシップという名前で展開している現実において、インターンシップに資格実習を含み込むかどうかを議論するよりも、より包括的な概念を用いる方が得策である。その意味でも、本来の狙いである教育プログラムと統合されうるような学外での就業体験を指してインターンシップとよぶとすれば、その包括的な上位概念として職業統合的学習（WIL）を用いることで、中学校までの職場体験、高校のインターンシップ、大学等のインターンシップ、PBL、サービス・ラーニング、資格専門実習までを含み込んだ議論が可能になる。

　それでは、どこまでをWILとして含み込むのか、豪州のWILの議論でも明確な線引きをするのは難しいようであるが、スウィンバーン工科大学でWILに相当する「産業参画型教育」は、図7-1のように伝統的なコースワークを一方の理論軸の極におき、他方の応用軸の極にはIBL（企業内学習）を置き、さまざまの濃淡のWILをこの範囲においている。

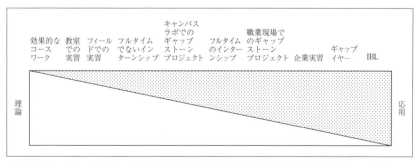

〔図7-1〕スウィンバーン工科大学の産業参画型教育の理論と応用スペクトル
資料出所：吉本・稲永編（2013）104頁

　このスウィンバーン工科大学の場合には、上述の定義にはないが、職業現場でのキャップ・ストーン・プロジェクトが重要な位置を占めている。企業職業現場に出向いての卒業研究・卒業論文作成に相当するものであり、企業・職業現場に着目するかどうか違いはあるが、現実に多くの日本の大学で取組んでいる卒論・卒業研究にそれらを組みあわせることでWILの取組になっていくであろう。

　他方で、このWILの境界領域に位置づけうるものが、アルバイトである。専門学校でのデュアル・システムやそれに類似するアルバイトを教育課程の中に位置づけ、その指導を行うプログラムもある。また、大学においても、学生アルバイトを適切な報告や指導の体制を加えることで教育プログラムの一貫に位置づけている場合がある。

　学生の視点からすれば、アルバイトの業種や職種が学校で学ぶ専門分野に関連する場合と関連がない場合とでは、自らの教育や職業のキャリアの設計に参照できる程度には開きがあるだろう。

　第3部の学術と職業との往還による学びの効用の検討においては、学校の意図的・組織的活動であろうが、なかろうが、学生個人の大学教育とは区別された活動の随伴的な機能であったとしても、結果的にある活動が、教育機関での学習と職業生活におけるその学習の有用性を自覚させるような、そうしたキャリア選択への契機となるものは、十分考慮に値すると考えた。

　その意味で、職業統合的学習（WIL）を考慮する枠組みとして、教育プログラムの枠を越えて諸活動を位置づけてみることも重要であろう。この場合に、職業と教育活動との関連性について、プログラム自体の意図とともに、学習者による位置づけも重要になってくる。

　こうした枠組みによって、密度の濃いデュアル・システムから、学校の関与の弱いアルバイトまで、学習のプログラム、あるいは学習者個々人の中で統合・形成されるカリキュラムとして、その中で職業を統合する学習を検討していくことが重要となる。

　こうすることで、中学や高校までの職場体験学習やインターンシップでも、実際社会の課題と向かい合っていくことで、そうした同等の機能

を持つ学習として位置づけることができる。コラムにのせたような高校段階での「総合的な学習の時間」におけるPBL型の取組みからも、生徒の生活する現実社会との往還の学びを読みとることができる。

コラム：高知南中学校・高等学校＜地域のマネジメント学習＞

　2013年度から高知南中学・高等学校が取り組んだキャリア教育事業では総合的な学習の時間を用いて、高校2年生全員が、半年以上かけて、学習の目標やコンセプトを学び、地元地域や企業、行政に出向きその諸課題を発見し、改善の提案をしていくという「マネジメント学習」に取り組んでいる。ホームルーム内で数名のチームを組み、現場に出かけて観察し、またアンケート調査やインタビュー調査をして課題を探究していく。まとめは、ホームルーム内での発表会から学外審査委員を交えた全校集会での発表会まで進む。著者が関わった数年間でも「帯屋町商店街の活性化」、「公園の開園の工夫」「動物保護」「生徒の食生活」などいろいろな課題が取りあげられ、体育館の壇上発表では見事なICT活用もあった。

　大正12年創業の老舗菓子屋にかかるマネジメント学習もあった。この菓子屋は、塩味の「ミレービスケット」一筋で商売してきたが、生徒たちは市場での評価をもう少し高めたいという思いで、いろいろな嗜好調査をへて、チョコレートをまぶして「チョコマミレー」など数々のバリエーションを思いついた。きっと喜んでもらえると思って店主に提案を示したところ、瞬時に雷を落とされた。命名がふざけすぎだったというよりも、そもそも「素朴さ」「シンプルさ」を売りにしている商品の価値を下げてしまうという経営理解の欠落へのお叱りだった。その後、生徒たちは、ビスケットにトッピングするレシピづくりに方向転換し、生徒たちが作成したレシピ本が、実際に、東京の高知県アンテナショップに置かれ、披露されることになった。

　ここでは、表面的な謝辞をもらうより、現場の経営判断を知り、地域関係者から真剣に叱られるという経験が、生徒たちの学びになっている。こうして、さまざまな地域、コミュニティの範囲で現場と関わる貴重な経験をしており、高校版のPBLとして評価できる取組と位置づけることができる。

3.3. WIL の段階的深化

　短期の見学に近い中学の職場体験や高校・大学のインターンシップと、医療系などの１年にわたるような臨床の実習を包括して WIL として概念化することができるのだが、それはキャリアを拓く教育的機能として同等であることを主張するものではない。

　国立教育政策研究所（2008、第一分冊）では、各学校段階で、キャリア教育に関わるさまざまな体験的活動の深化の軸を、次のように示している。

　　・小学校・中学校
　　　キャリア教育に包括的に関わる体験的活動
　　　　⟺職業に直接関わる体験的活動

　　・高等学校
　　　社会人・職業人をみる活動
　　　　⟺現実的探索・試行と社会的移行の準備

　さらに、大学における短期のインターンシップ等と資格実習とを対比してみると、次のような活動の対比ができる。

　　・大学・短大・専門学校
　　　将来的な職場の関係性の理解（位相学）
　　　　⟺修得した知識・技能等の応用

　資格取得にかかる学外での専門実習を課す教育プログラムは、専門の学習を現場の職業の文脈で応用することを学ぶのであるが、多くのプログラムで、そうした資格取得で直接要求される実習以外に、さまざまな体験的活動を行っている。医師・看護師の養成などではアーリー・エクスポージャーが広がり、実習の段階的な深化のモデルが形成されており、教員養成においても、学校インターンシップなどの専門知識・技能の応

用とは異なる目的を持つ体験的プログラムが導入されている。

　前者の体験的活動プログラムは、現場の職場における社会関係を知り、そうした関係を念頭に置きながら専門的学習における知識・技能修得の必要性・意義を理解するために行うものである。専門職業人の働く場とそこでの繋がりのある職業関係者や、直接のクライアントと保護者等の関係者などの、配置や関わり方を見るという意味で、位相学としての体験的活動である。

　職業統合的学習（WIL）の体系として、その段階を区分し、職業の位相学を学ぶこと、そして職業知識・技能の応 用を学ぶことの二段階で理解することが適切である。このとき、資格系における位相と応用の段階は明確に区別され、とりわけ医師の養成はそれらが卒業後研修を含めて多段階的に一貫した教育プログラムとして編成されている。これがキャリアを拓くための学術と職業の往還の基本モデルとして理解できる。その場合に、非資格系、とりわけ人文・社会科学系分野の教育プログラムには、そのどちらも欠けているところが多い。短い期間のインターンシップが職業の「位相」を学んでいるのは間違いないが、それと同等の機能を持つような PBL、サービス・ラーニングに加えて、豪州で WIL に組み込まれているギャップ・イヤーなどが、この将来の職業に関わる「位相」の学習であり、職業統合的学習の基礎的な体験学習であるとしてよいであろう。

　それでは、人文・社会系の高等教育修了者には、知識・技能等の応用は必要ないのかといえば、もちろん職業の場で必要な応用は多くあり、あるいは企業特殊的であり、それらが初任者研修のなかで扱われるわけである。この意味で、インターンシップと資格実習をそれぞれ異なる段階として位置づけることによって、それらを包含する職業統合的概念のもとで把握することができるのである。

4．能力涵養の介助者としてのメンター

　それでは、インターンシップを含む職業統合的学習（WIL）において位相の把握や応用の能力形成を有効に進めるための要素は何か。最も重

要なことは、体験的学習の指導者である。受入担当者は、教師のように修得すべき知識の格差をもとにした評価権を持って接する立場ではなく、また労働者としての上司でもなく、職業人のモラトリアムとしての関わりにおける忠実な助言者であり、あるいは「隣のお兄さん・お姉さん」の役割が求められる。その意味で、しばしばメンターの用語が用いられる。

インターンシップを適切にサポートできるメンターは誰か。メンターは連続性の象徴でもあり、また指導される若者ととともに育つという相互性を持っている。特にそうした受け皿としての地域団体・関係者によるキャリア教育支援が注目される。

キャリア教育は、地域の側に適切なパートナーがいることで有効に推進できる。一例として、佐賀大学と佐賀銀行と佐賀県が共同で作られたNPO鳳雛塾のケースを紹介したい。

鳳雛塾では、企業出身で中小企業経営診断士など資格をもったスタッフが、小学校のチャレンジショップや、中学校、高校の職場体験・インターンシップなどを、足繁く学校に通いながら、広範囲に支援をしている。現場の専門家の支援によって、適切な体験先の探索と交渉などが容易になるだけでなく、体験活動を振り返る事後学習で、プロのアドバイスを通した、現場にも響くような企業案内や企業改善提案などの資料作成が可能になっている。こうした機能は学校の先生に期待するものではない。キャリア教育においては、キャリア教育を理解し、それぞれに適切なプロを地域から連れてくるのが学校の先生の役割になっていくのである。

5．地域の教育力：社会的資本^{ソーシャル・キャピタル}

メンターとともに、インターンシップや職業統合的学習において不可欠なものが、地域・産業・職業との連携である。そうしたキャリア教育を進めるための連携相手が適切に位置づいていることが重要である。体験活動の体系化には、各学校・学年段階の「タテの接続」の充実だけではなく、学校外の教育資源を有効に活用していくという観点から、子ど

もたちを取り巻く学校・地域の現状や課題について学校と学校外の関係者との共通理解を図りながら実践を進めていくという、いわば「ヨコの連携・協力」が求められる。それは、職場体験等の直接的な受け入れなどだけではなく、例えば、産業構造や雇用形態、進路をめぐる環境の変化などについて、キャリア形成にかかわる専門的な知識や情報を持っている保護者、社会人、職業人などを、体験活動の事前指導、事後指導等の外部講師として招き直接学んだりする機会を持つことなども大切である。

　第5章でも述べたが、教育基本法第13条では学校、家庭及び地域住民等の相互の連携協力として、「学校、家庭及び地域住民その他の関係者は、教育におけるそれぞれの役割と責任を自覚するとともに、相互の連携及び協力に努めるものとする」と規定されている。つまり、教育については、学校のみならず家庭、地域に対してもその役割と責任を自覚することが重要であり、その上で、これら三者の連携・協力が求められたのである。

　地域社会と学校との繋がりについて、いま、生徒の保護者は居住地域から一定距離離れて仕事をしていることが多く、保護者同士の関わりが薄くなっている。この環境下で、保護者を巻き込みながら職場体験・インターンシップを行えば、保護者と学校、保護者同士の繋がりをつくる契機となる。社会的資本（ソーシャル・キャピタル）の議論は、この学校と地域との関係に当てはめていくことができよう。社会的なネットワークが十分に形成されていれば、行為者相互の期待が強化される。特に、ネットワークが閉じていれば社会的資本として子どもたちを育てるより大きな力になるというものである。

　中学校の職場体験を先導した兵庫県においては、地域に「心の教育」をめぐる危機感が共有され、第6章で述べたように、1998年の「トライ・やる・ウィーク」のスタートに繋がっている。導入10年後に訪問してみると、実施形態は各市町村でバリエーションがあるものの、「トライ・やる・ウィーク」ののぼりを立てたり、10年前に職場体験した生徒が大学生として営業の戦力になっていたりして、その繋がりが大きな信頼の

コミュニティを形成しつつあることが関係者から報告されている。

　また兵庫県に続いて 1999 年から、連続する 5 日間の職場体験として、「社会に学ぶ『14 歳の挑戦』」をスタートさせた富山県では、地域の自治会で、各世帯から学校教育支援のためのお金を集めてここの学校に寄付をしており、また学校がそうした寄付を前提にさまざまの活動を計画的に実施しているという風土があった。

　地域の教育力として、今日 NPO の活躍も見逃せないところである。地域連携活動に関するメンターの位置づけについてのコラムとして紹介した佐賀県の NPO 鳳雛塾も、そうした団体のひとつと考えられる。学校、生徒と地域の企業等とをどのように繋いでいくのか、いろいろな NPO のなかでもこの場合には銀行という広範な地元企業等の経営情報を把握し、またそれらに的確な経営指導ができる職員がおり、NPO に派遣されていることが効果的にキャリア教育の体験的活動の指導を可能にしていることがわかる。

コラム：地域の企業・行政と学校とを繋ぐ NPO 鳳雛塾とメンターの派遣

鳳雛塾は、佐賀県内を中心に起業家精神の発揮とベンチャー企業・新事業等創出などを目指して産学官が連携して立ち上げた人材育成のための団体である。1998 年に佐賀大学と産業界、佐賀県が地域人材育成の拠点として寄附講座を開設したことに端を発し、大学支援から次第に下級段階の学校の地域連携によるキャリア教育へと事業が拡大していったという。2002 年からの小学校での販売体験事業「キッズマート」の支援、2004 年からの高校での起業家精神涵養教育の支援に取り組み、現在の小・中・高校まで一貫した起業家精神を養成するキャリア教育を実施している。

小学校の販売体験事業でも、仕入れ先など学校教員の見当がつかないところを企業経営指導経験のある職員がサポートしており、インターンシップ後の経営への提案も、職員のアドバイスで対象企業への現実的な価値を有する提案へと変わっていく。こうした場面での教員は、そうした外部人材と同等の能力を目指す必要はなく、適切なコーディネート機能が期待されている。

【注】

(1) 吉本・稲永編 (2013) でも、豪州をはじめとして世界各国で取り組まれている Work Integrated Learning を調査研究しており、その他にも一定の研究蓄積はあったが、文部科学省の文書で示されたのはこの 2013 年 8 月にまとめられた協力者会議がはじめてである。

(2) 大学等においては、三省合意に基づいて政策的にインターンシップ導入を図る観点から、導入から数年間、私学では私学助成に基づく補助金が国立でも相当額の経費がインターンシップの学生数におよそ対応して配当されていた。このため、高等教育で資格取得のための実習をインターンとして計上しなかったのである。

第3部

往還する
＜学びと教育の効用＞

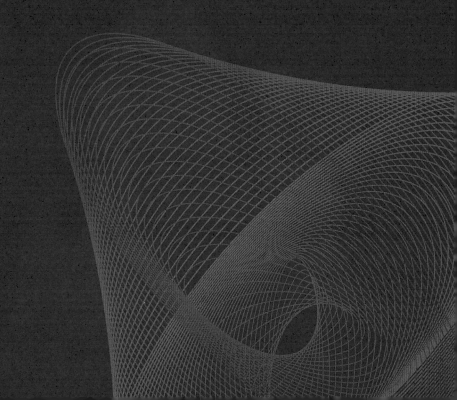

学術と職業を往還する学びと教育の方法について、第2部での検討の結果、多様かつ包括的な教育活動理念として確認することができた。

　そうした多様な取組や経験のうちどれが、どの分野で有効であるのか、デューイの経験による教育の評価原理として、連続性と相互作用をどのように論じていくのか。ここでは、学校、卒業生の調査データを元にキャリアを拓く教育の効用についての実証的な分析を行っていく。

　第8章以下、インターンシップの無業抑制、専門と関連する職業体験の初期キャリアへのレリバンス、学習等の多様な時間と教育の効用、そして大学教育の遅効性と30歳社会的成人仮説をそれぞれに検討していく。

第8章

往還する学びと教育の効用（1）
インターンシップの無業抑制効果

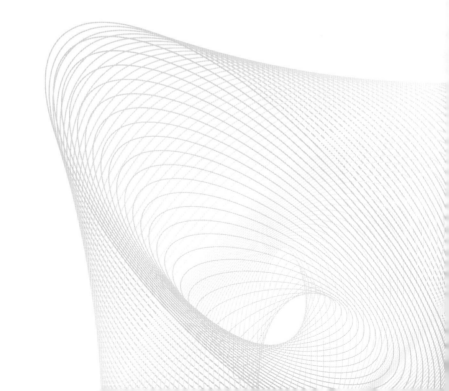

1．インターンシップの短期的な効用、中長期的な効用
1．1．インターンシップを通した教育の効用発揮メカニズム

　あらゆる教育活動は、取り組む課題・目標の価値、重要性だけで評価されない。活動の目標と、そこに到達すべき手段との関係が明示的に組織され実施されていること、さらにはその目標に照らして日々その成果が点検・評価されていること、そして最終的な学習の成果が何よりも重要である。

　インターンシップについても、「勤労観・職業観」の育成を目標とするのであれば、それは活動実施直後の「目の色が変わった」といった印象的な評価や、「プレゼンテーションが上手にできた」という技法修得の評価だけに留まってよいはずはない。就職や進路実現についても、その実績の適切な把握や因果的な探究が必要である。

　特に、学外での非日常的で短期的な活動としてのインターンシップ等は、それを、さまざまな課外活動や特別活動、個人的な学外での体験等がある中で、その固有の効果をどこまで識別できるのであろうか。

　評価の問題では、小中高と大学とでは大きくアプローチが異なり、小中高においては、文部科学省・国立政策研究所等の指導のもとで、「望ましい職業観・勤労観」の4領域8能力（第2章参照）などのように、成果の目標となる全国的な標準が設定される場合が多い。これに対して、大学等では、「社会人基礎力」など比較的一般化した尺度はあるものの、標準設定に対する要請・圧力はどこからもなく、個々の大学等が評価軸を設定している。しかし、いずれの学校段階でも、抽象的で多元的な能力＜目標＞だけが強調されていることが共通している。しかも、どの段階でも、そこに到る効用発現の理論的な枠組みは欠落し、適切な測定がなされているとも言いがたい。

　短期間のインターンシップを個別に取り出してその効用を検討することだけでは不十分であり、そこで、インターンシップは、それが短期的な活動であっても、他のさまざまな教育活動と相互に関連しながら、学校・大学等の「キャリア教育」の核として確立されている場合に、中長期的にみてその効用を発揮していくと仮定する方が現実的な仮説となる

のではないだろうか。

　インターンシップ等の効果の実証的把握にかかる問題は、第1には、その枠組みがあるとしても○○力など内的な特性のみが因果モデルとして過度にクローズアップされ、経験自体のもつ効用が議論されていないことがある。第2に短期的な効用だけで中長期的な効用にいたる効果の道筋が明らかにされていない。そして、第3に個人に焦点があてられ、学校や企業・地域社会という単位での効用モデルが個人的な効用モデルとの関わりで扱われていないこと等が指摘できる。

1.2. 職業を通しての教育―連続性と相互作用

　インターンシップという「職業を通しての教育」の評価の原理については、第5章で論じたように、デューイ (1938) の「相互に能動的に結合している連続性と相互作用とが、経験の教育的意義と価値をはかる尺度を提供する」(デューイ 1938、訳書 66 頁) という「連続性」と「相互作用」に注目すべきところである。

　前者の「連続性」原理は、学生・生徒が自分の過去の経験を踏まえて、そこから生じる可能性の延長としてインターンシップを選択し、また将来の可能性を現在の活動から連続的に展望できるという意味での評価尺度が構成できる。後者の「相互作用」の原理については、デューイは「経験における両方の要素－すなわち客観的条件と内的条件－に同等の権利を割り当てている」(デューイ 1938、60 頁) という。それ故、インターンシップを通して、職場の環境やそこにいる指導者 (メンター) という客観的条件が、いかに学生・生徒の発達という内的条件に影響を及ぼしたかを問うだけではなく、インターンシップという経験による教育プログラムの導入が、生徒だけでなく学校をどのように変容させ、さらに職場や地域社会をどう変容させたかが問題となる。

2. 高校進学率階層と無業

　本章で分析・検証するのは、第3章でも示した年度の国立教育政策研究所による全国高校調査データである。社会への移行困難の問題として学校

基本調査のカテゴリーである「一時的な仕事に就いた者」、「上記以外の者」を合計して、進学率階層別に「無業者等」比率として検討していく（図8-1）。

　進学率階層別にみると、「無業者等」の比率は就職希望者の比率が上限であり、進学校では自ずと低くなる。逆に進学率が低い学科では、就職希望の母数が多くなるため、その中での無業等の可能性も高くなる傾向が想定できる。実際、データをみると、普通科では、確かにその傾向があるが、工業科では必ずしもあてはまらない。むしろ、就職希望の生徒たちが多くなればなるほど、工業科では彼ら／彼女らをそうした職業的な進路へとより組織的・効率的に送り出している。ここでは、就職者数の増加が「無業者等」の増加を伴っていないことがわかる。

　また、同程度の進学率階層の学科をみると、普通科での無業者の比率は工業科の3倍から5倍近くになる。例えば、進学率が40-50%の学科で見ると、卒業生の半分強が進学や浪人、半分弱が就職等という進路傾向となっているわけだが、その中でも普通科等では「無業者等」率が平均で19.8%であるのに対して、総合学科では13.2%に留まり、職業に関

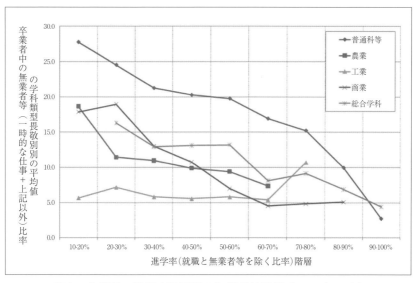

〔図8-1〕学科・進学率階層別の無業者等比較（2004年3卒）

する専門学科では、農業科9.4%、商業科7.0%、工業科5.8%である。このタイプの普通科等と工業科を比べれば、どちらも半分強の卒業生が進学することになるが、残りの卒業者のうち、普通科等ではほぼ4〜5割の確率で「無業者等」となり、工業科であればそれは1割強に留まるということである。

　進学率階層の各レベルで、普通科等の「無業」率は、農業科、商業科、総合学科の「無業」率の2倍近くであり、工業科はそれらの半分以下、つまり普通科等の「無業」率は、工業科のおよそ4倍以上である。工業科における無業抑止効果の強さ、普通科等における無業抑止効果のなさが対照的である。

　また、進路探索機能を期待される総合学科は、インターンシップを通した無業抑制効果でみる限り、職業専門学科に及ばないことが明らかである。

3．学科・進学率階層とインターンシップの実施、卒業後の進路
3．1．インターンシップの実施状況
　次に、学科別のインターンシップ実施状況 (2003年度) を、図8-2で、

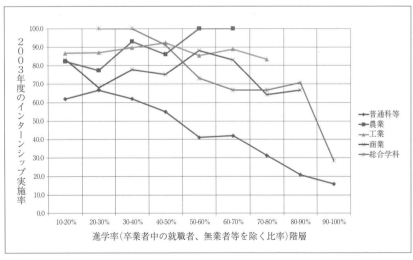

〔図 8-2〕 学科・進学率階層別のインターンシップ実施率 (2003 年度)

は学科別・進学率階層別に比較した。この調査データでは、全国平均で
みて47.8%の学科がインターンシップを実施している。学科による違い
が大きく、普通科等では30.4%に過ぎないのに対して、専門学科では、
7〜9割の範囲で広く実施されている。

　総合学科をみると、73.6%の実施率であり、普通科等と職業に関する
専門学科との中間に位置している。詳細に見れば、例えば進学率40-50
%レベルでインターンシップ実施率が73.1%であり、進学率8-9割層で
の実施率70.6%と大差がない。

　つまり、一方では、進学準備中心の総合学科でも進路・職業探索的な
機能としてのインターンシップが、一定程度、実施されていることも明
らかになっている。しかし、他方では、仮に多様な進路が見込まれ、相
当数の生徒が職業・社会への移行を目指す、ないし実態として移行して
いく可能性がある学校でも、教育目標の方針として、そのための職業へ
の進路探索的な機能を、職業に関する専門学科ほどには充実させてはい
ないことが指摘できる。

3.2. インターンシップの実施と「無業」率

　次に、図8-3では、それぞれの高校のインターンシップ実施の有無と
卒業生の「無業」率を比較した。ここでは、統計的検定に必要なサンプ
ル数を確保するために進学率階層を25%ごとで4区分とした。まず、
総合学科では、どの進学率階層でみても、インターンシップ実施と無業
率の間に統計的に有意な関連は見られなかった。普通科等でも、職業専
門学科でも、進学率75%以上の高校では、同じく統計的に有意な関連
差が見られなかった。しかし、進学率75%以下の高校では、普通科・
職業専門学科ともインターンシップの実施学科の方が、非実施学科と比
べて「無業」率が低い傾向にあり、多くで統計的な有意差が確認できた。

　進学率50-75%の普通科等では、インターンシップを実施している場
合に「無業者等」率の平均は12.8%であるのに対して、実施していない
場合には21.5%と大きな開きを生じている。いわば「抑止効果」として、
インターンシップを実施することにより「無業者等」率を絶対値で8.7%

ポイント、相対的には4割程度下げる可能性があるということである。サンプルの卒業者数平均をとって、仮に180人の学科を想定すれば、インターンシップを実施していなければ「無業者等」数39人であるのに対して、実施すれば23人に減少するという推計が成り立つわけである。

　こうした進学率50-75%層の普通科等は、本サンプルでも700学科以上あり、今日の多様化した高校教育の中で一定の比重をもつ学校タイプである。こうした高校では、職業・社会への移行していく若者を多数抱えながら、多数の高校ではインターンシップが実施されておらず、キャリア教育的な効果の可能性を活用していなかった。

　ここで、分母を卒業者数ではなく、就職希望者数として無業者等（一時的な仕事に就いているとか、進路が不明の者）の比率をみると、このレベルの普通科等では、インターンシップを実施しても就職希望者中でみると平均35.2%の無業者等が生じることになり、インターンシップを実施しない場合には、実に60.7%になっている。つまり、こうした学科

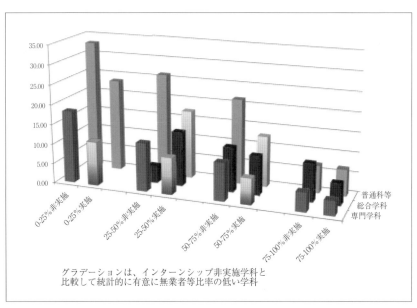

〔図8-3〕学科・進学率階層別のインターンシップ実施の有無と無業者等比率

では、卒業者の中で、就職者よりも無業者等の方が多いのである。

　なお、同じ進学率階層の専門学科ではそれぞれの比率は9.7%と12.3%であり、「抑止効果」は絶対値で2.6%ポイント、相対的に3割ということである。インターンシップの無業抑止効果が職業専門学科で小さく、普通科等で大きいという意味は、専門学科では教育課程自体が職業への移行促進効果、無業抑止効果をもっており、そのためインターンシップ導入による付加的な効果が小さいということであろう。

4．インターンシップ実施がキャリア教育改善へ及ぼす「相互作用」
4．1．実施期間と参加生徒数

　前述の分析から、高校段階でのインターンシップが卒業後の無業を抑止する効果をもつことが明らかになった。しかし、どのような因果メカニズムによるものなのかは、必ずしも自明ではない。

　高校インターンシップの期間をみると、3日以下が69.2%を占めており、1日のインターンシップも16.9%ある。また、中学校の職場体験とは異なり、学科でインターンシップを実施していれば全員の生徒が参加するというものではなく、平均の参加者比率は54.9%である。大学等の参加者比率からすれば相当の規模を持った組織的な取組ではあるが、それでも生徒の半数が3日以下の体験である。それがどのように「無業者等」率の低下にむすびつくのだろうか。

　もちろんインターンシップの在り方によって効果が顕著な場合とそうでない場合があり得る。そこで図8-3と同じく各学科を進学率階層として4区分に分けて、2年生の実施期間、参加生徒数と「無業者等」率との相関をみた。その結果、実施期間との「無業者等」率との負の有意な相関が見られたのは、進学率75%以上の専門学科の係数-.311のみであり、また参加生徒数との負の有意な相関がみられたのは、次の進学率50-75s層の普通科等で-.316、進学率25-50%層の普通科等で-.284、進学率25%以下の普通科等で-.571という3学科類型だけであった。つまり、仮説に沿った一定の効果が確認されたが、参加者比率が決定的というのでも、期間が決定的と言うことでもない。

４．２．インターンシップの計画段階で生まれる効用

　本調査データでは、その調査設計からみて当然ながら、生徒個人を特定していない。そのため、普通科等で参加者数が多いほど「無業者等」数が少ないという傾向があるとしても、個々のインターンシップを経験した生徒がキャリア教育で期待される何かの能力を獲得した結果としてそうなっているのかどうか、ここでは断言できない。

　他方、この調査データは、2003年度にインターンシップを始めた学科で、インターンシップに参加せずに卒業した学年についての無業傾向もみることができる。図8-4は、普通科等だけを取りだし、インターンシップの導入の過程によって「無業者等」率が異なることを示している。「2004年度もインターンシップを実施しない」学科、「2004年度に初めてインターンシップを実施する」学科、「2003年度に初めてインターンシップを導入した」学科、「すでに2002年度以前からインターンシップ

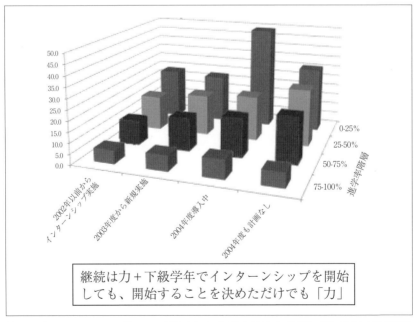

継続は力＋下級学年でインターンシップを開始しても、開始することを決めただけでも「力」

〔図8-4〕インターンシップ導入の時期・経過と無業者等比率（普通科等・進学率階層別）

の実施経験を持つ」学科の順に、図の左から右へと、「無業者等」率が少なくなる傾向を読みとることができる。

インターンシップを全く経験していない学年の「無業者等」率が低下するとすれば、まさしく、高校がインターンシップという経験をしたことで、その教育的機能が向上したことになる。国立教育政策研究所 (2007) で「継続は力」という要約をしているが、「始動は力」という命題を付け加えるべきであろう。インターンシップ実施計画を決めたとき、どのような学校内の教育指導をめぐる議論があり、方針が形成され、それがその高校のキャリア教育力となり、個々の生徒にどう反映していくのだろうか。本調査データでは、個々の生徒に関しては仮説の域をでないが、学科という組織レベルでは、さらに関連する項目を分析することができる。

4.3. インターンシップとさまざまの職業体験的な進路指導

インターンシップ導入からの期間の長い高校ほど、さらにはインターンシップを経験させなくともインターンシップ導入という決断をしている高校で、その他の高校よりも無業率が低いことは、インターンシップの実施と導入が、適切な職業・社会への移行という目標を達成できたということである。それは、インターンシップだけでなく、それに関連する諸々の教育指導が有効に機能しているとも考えられる。

そこで、職業関連的なあるいは体験的な進路指導活動 8 項目の実施状況について、調査結果を検討した。分析したインターンシップの実施プロセス 4 段階との関連をみると、「職場見学・職業調べ」の実施率は、インターンシップを 2004 年度も計画していない学科では 65.7％に留まるのに対して、2004 年度新たに実施計画をしている学科の場合 81.7％、さらに 2003 年度に新規導入した学科では 89.1％、2002 年以前から実施している学科で 88.2％と顕著な差がある（相関係数は 0.256、1％水準で有意）。他にも、「自然や伝統文化・農業体験を中心とした体験的活動」(0.200)、「上級学校への体験入学」(0.156)、「社会人等の外部講師による進路講演会授業等」(0.147)、「修学旅行、宿泊学習、遠足等の校外活

動を活用した職業体験」(0.174)、「ボランティア活動」(0.142)の5項目で、インターンシップ実施プロセスと統計的に有意（1％水準）な関連が見られた。図8-5はインターンシップの実施の有無別にさまざまな進路にかかる体験的活動の実施をみたものである。

　それらの導入の前後関係はいろいろなパターンが想定されるが、いずれにしても、インターンシップ導入・定着の経験が蓄積されればされるほど各体験活動の実施率が高くなる、あるいは時間的には逆の因果で、いずれにせよ双方が相乗的に導入が進むという傾向であり、また導入開始を計画した学科のほうが未計画の学科よりも多くの職業関連・体験的な進路指導を組織的に実施している。これらが「無業者等」率へのインターンシップ導入の効果のある面を補強していると仮定することができるのである。

4.4.「無業者等」率の規定要因分析

　以下、上述の体験的な進路指導指標も含めて、学科別の「無業者等」

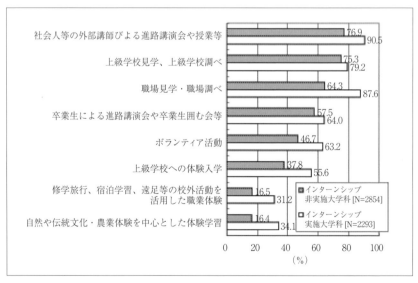

〔図8-5〕インターンシップ実施校は多数の学外と連携した進路指導活動

率の規定要因の重回帰分析を行った。分析結果の詳細は注記しておくが、インターンシップ実施は、普通科等では6.9％ポイント、職業専門学科、総合学科ではそれぞれ3.9、4.0％ポイント「無業者等」率を抑制する効果を示している[注1]。

　そこで普通科のインターンシップ実施学科のみを取り出して、進学率階層別に、体験的進路指導の実施状況別に重回帰分析結果の回帰直線を示したものが図8-6である。

　進学率50％から100％までの回帰直線が描かれており、進学率90％以上の推計は誤差的要素を含むので、例えば進学率70％の普通科をとってみると、インターンシップを実施しない場合の無業者率は実に16％と推計される。つまり30％の就職希望者のうち14％しか就職していないことになる。しかし、インターンシップを実施することで無業者率は9％にまで低下し、さらに多様な進路指導にかかる多様な体験活動を実施すれば4％にまで低下することができる。割合でいえば、インターンシップ実施は無業者を2分の1にする、さらに進路指導の体験的活動を加えることでインターンシップを実施せず放置する場合の無業率からそれを4分の1にまで抑制することができるのである。

　以上の結果を総合すると、普通科等においてインターンシップは、その計画・導入過程からプログラムの充実まで、全ての要素において「無業者等」率抑制の大きな効果を発揮することが明らかになった。これに対して、専門学科、総合学科では有意な効果があるものの、その大きさは普通科等と比較して半分程度であったが、これは進学者が減り就職希望が増えても「無業者等」率がさほど上昇しないという学科特性と関連している。つまり、職業専門学科や総合学科の教育課程には、もともと「無業者等」率抑制効果のメカニズムが備わっており、それ故インターンシップの効果も限定的なものであるのに対して、普通科等ではインターンシップ以外に「無業者等」率抑制効果をもつアプローチが少なく、しかもその導入が遅れていることが、多数の職業・社会移行の困難層を生み出しているのである。

5．インターンシップ実施から明らかになったこと

　本章での分析結果をまとめると、第1に、高校におけるインターンシップの実施が「無業者等」率の抑制効果を有していることが、データをもとに実証的に明らかになった。短期的・即時的な効用だけに留まらず、本来的に狙いとする中長期的な職業・社会的な移行に関わる効用を評価する枠組みとそうした研究の重要性が確認されたのである。

　第2に、その効用は、個々の生徒の能力形成に留まらず、むしろ、学校という組織が、インターンシップの導入に前後しながらさまざまなキャリア教育的な取組を充実させていくことによる効果であり、いわばインターンシップがひとつの契機となり学校の教育を変えていくという「相互作用」原理によって効果を発揮しているものであることが確認された。

　そして、第3に、インターンシップの長期化と参加生徒数の増加が無業抑止効果を高めており、インターンシップ充実に関わる、今後志向すべき実践的な改革の方向性が確認された。それは、インターンシップに

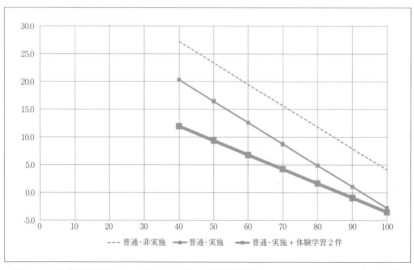

〔図8-6〕無業者等比率の推計（学科・進学率階層、インターンシップの実施、
　　　　体験的進路指導の実施による回帰直線）

留まらないキャリア教育・職業教育的な取組を学校の教育課程と組織全体として確立・強化することによって効果が発揮されるということであり、このことは、キャリア教育・職業教育が確立されていない普通科等でインターンシップ導入の効果が大きいことからも理解される。インターンシップに留まらない学校教育理念としての「継続性」原理によって効果を発揮しているものと言うことができよう。

　高校教育3年間のわずか数日という短期間のインターンシップであっても、その教育的な効果が確認できる。あらためて、インターンシップの経験による教育としての意義の大きさ（生徒への直接的なキャリア教育的効果と、関連する進路指導にかかる体験的活動の導入促進の効果を含めた）を再認識させるものである。また、職業専門学科自体の無業抑制効果を考えると、普通教育が圧倒的に多数を占める今日の高校教育のあり方の見直しも示唆されるであろう。

【注】

(1) 表8-1は、学科別の3つのモデルを用いた無業率の規定要因に関する重回帰分析の結果である。説明変数として用いたのは、①学科の進学率、②インターンシップ実施、③インターンシップ導入過程、④実施期間、⑤参加生徒数比率、⑥体験的な進路指導である。

分析の手順として、まず、モデル1でインターンシップ実施効果を把握するために、①②の2変数を一括投入した。本文で説明しているとおり、インターンシップ実施は、普通科等では6.9%ポイント、職業専門学科、総合学科ではそれぞれ3.9、4.0%ポイント「無業者等」率を抑制する効果を示している。他方、進学率10%ポイントの減少は、普通科等では「無業者等」率を3.9%ポイント増加させるのに対して、職業専門学科や総合学科では、その増加はそれぞれ1.4、2.1%ポイントに留まっている。これらのモデルによる説明率は普通科等で高く、職業専門学科で低くなっている。

次に、モデル2として、その効果メカニズムとしての導入プロセスや進路指導に注目し、①③⑥の逐次投入による分析を行った。その結果、インターンシップ実施効果は、計画がない段階から計画をすること、次に、計画し実施スタートすること、さらに実施して経験した生徒が卒業することという各ステップを通して「無業者等」率はそれぞれ低下し、この効果は、普通科等では各ステップを上がるごとに2.3%ポイント低下し、職業専門学科、総合学科では、それぞれ1.4、1.8%ポイントである。体験的な進路指導の単独の効果も検出されているが、説明率自体は大きくは増加しない。つまりインターンシップ実施の効果は、さまざまな体験的進路指導活動の実施と相互に関連しながら無業を抑制する効果をもつと解釈できる。

さらに、モデル3では、インターンシップ実施学科に対象を絞って、長期化、参加者数増加というインターンシップの充実による「無業者等」率の抑制効果を検討した。その結果、実施期間の長期化による効果、参加生徒比率の拡大による効果が普通科等で確認された。これに対し、職業専門学科、総合学科では確認されなかった。普通科等の場合に、実施期間が10日間延長されれば「無業者等」率は4.4%低下し、参加生徒数が10%ポイント増加すれば「無業者等」率は0.7%ポイント低下すると推計できる。

[表 8-1]「無業者等」率の規定要因に関する重回帰分析

	普通科等			職業に関する専門学科			総合学科		
	モデル 1	モデル 2	モデル 3 (実施学科)	モデル 1	モデル 2	モデル 3 (実施学科)	モデル 1	モデル 2	モデル 3 (実施学科)
定数	4.136*** *0.281*	8.025*** *0.564*	13.622*** *1.544*	4.024*** *0.950*	6.830*** *1.217*	3.672*** *1.433*	4.659*** *1.895*	5.260*** *1.899*	1.176 *2.877*
①就職希望率	0.385*** *0.009*	0.388*** *0.009*	0.258*** *0.018*	0.139*** *0.015*	0.142*** *0.015*	0.127*** *0.017*	0.208*** *0.046*	0.214*** *0.045*	0.196** *0.062*
②インターンシップ実施	-6.898*** *0.456*			-3.932*** *0.638*			-4.013* *1.729*		
③インターンシップ導入過程		-2.344*** *0.167*			-1.376*** *0.232*			-1.773*** *0.615*	
④実施期間			-0.435* *0.171*			—			—
⑤参加生徒数比率			-0.072** *0.009*			—			—
⑥体験的な進路指導		-1.111*** *0.142*	-1.744*** *0.337*		-0.768*** *0.232*	-0.763*** *0.260*	—	—	—
調整済み R^2	0.402**	0.418**	0.296**	0.096***	0.110***	0.073***	0.187***	0.214***	0.153***
N	2,438	2,438	554	1,026	1,026	790	85	85	51

各指標の説明

被説明変数
「無業者等」率:「一時的な仕事についた者」と「上記以外の者」の計を卒業者数で除した比率

説明変数
①就職希望率:「就職者」「一時的な仕事についた者」「上記以外の者」の計を卒業者数で除した比率
②インターンシップ実施:3=2002 年度以前から実施、2=2003 年度以前から実施、1=2004 年度にスタートして実施、0=実施計画なし
③インターンシップ導入過程:2 年度から 3 年までのインターンシップ参加生徒数を 2 年生の生徒数で除した比率
④実施期間:2 年生のインターンシップでの実施日数
⑤参加生徒数比率:1 年から 3 年までのインターンシップ参加総数を 2 年生の生徒数で除した比率
⑥体験的な進路指導:職場見学・職業調べ・上級学校見学・上級学校訪問[社会人等の外部講師による進路講演授業等]「卒業生による進路講演講座等」[ボランティア活動]の 5 項目の実施数

注1）3 つのモデルを用いて重回帰分析を行う。モデル 1 は①②を一括投入、モデル 2 は①③⑥について有意な説明変数を逐次投入、モデル 3 はインターンシップ実施学科のみを取り出して①④⑤⑥を逐次投入。斜線のセルはモデルに組み込まれていない変数、[−]は、統計的に有意でなく、投入されなかった変数
注2）モデル各指標の係数は上の標準化していない係数値 b)。下のイタリック数値は「標準誤差」である。
注3）各指標の有意差：***：1%水準、**：5%水準、*：5%水準

第9章

往還する学びと教育の効用(2)
専門と関連する就業体験

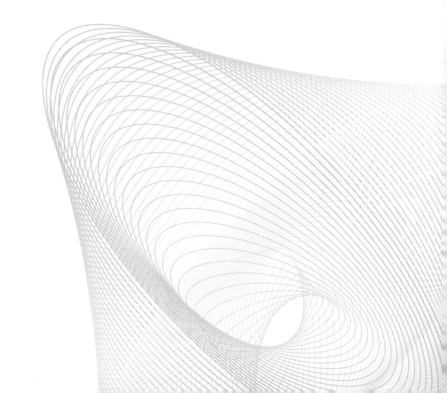

1．卒業生の把握するキャリア形成と大学教育

　本章は、専門と関連するさまざまな職業体験の効用を、大学卒業生の初期キャリア形成という観点から検討したい。前章では、高校インターンシップ等のキャリア形成に及ぼす効果を、主にインターンシップと進路指導の諸活動という、学校・学科単位での取組という観点から分析、解明した。ここでは、学術と職業との往還の学びを学生個人の観点で把握していく。「専門と関連する就業体験」がキャリア形成に影響を及ぼす効果についての仮説を、2013 年に実施した 5 大学共同での卒業後 1 ～ 10 年までの卒業生の調査結果から考える。対象となる専門分野は、人文・ビジネス系、観光系の非資格系分野、福祉・保育・栄養の国家資格系分野である。

2．卒業生の初期キャリアと専門教育との関連性

　教育の成果は、その教育が次のキャリアに反映されることであり、本章では在学中の専攻教育分野と就業する職業との関連性が、いわば目的変数となる。まず表 9-1 で初職との関連性をみると、在学時に「専攻した分野と関連した仕事」に就いている割合が高いのは、「女子・資格系」（82.9％）、「男子・資格系」（74.2％）であった。他方、人文・ビジネスや観光などの「非資格系」では、男女とも関連のない仕事に就職している割合が「男子・非資格系」（76.9％）、「女子・非資格系」（70.2％）となっており、7 割以上の学生が初職として、大学で学んだことと関連のない仕事に就いている。

　この「専門と関連する分野」とは何を指すのであろうか。この点をみるために、職業別に分析を進めてみた。その結果、観光分野では「専門的技術的職業」への就職者が 7.5％あるが、しかしその中で大学の専攻分野との関連性がありと回答した比率は 50.0％にとどまっている。他方、職業大分類「サービスの職業」の中で「ホテルスタッフ」に就職する者も 7.5％あり、その全員が大学の専攻分野との関連性を認めている。後者の方が、当該の大学における専門教育としては望ましい進路であると考えられるであろう。ともあれ、卒業生全体の初職とその専門関連性に係

る傾向（表9-2は、人文・ビジネス分野の例）を要約的に考えてみると、非資格系の観光分野、人文・ビジネス分野では大学の専攻分野との関連性がそれぞれ43.4％、24.5％であるのに対して、資格系の国家資格等（福祉・保育）と国家資格（栄養士・管理栄養士）ではそれぞれ73.3％、89.7％と高い比率になっている。

〔表9-1〕初職と在学時の専攻との関連性（％）

	初職は本学で専攻した分野と関連がありますか		計	n
	1 関連分野である	2 関連分野でない		
非資格系・男性	23.1	76.9	100.0	*199*
非資格系・女性	29.8	70.2	100.0	*218*
資格系・男性	74.2	25.8	100.0	*31*
資格系・女性	82.9	17.1	100.0	*76*
計	37.6	62.4	100.0	*524*

〔表9-2〕初職職業と専攻分野との関連性（人文・ビジネス系の場合）

	構成比	大学の専攻分野と関連あり
100 管理的な職業	2.2	37.5
240 情報処理技術者	3.0	72.7
290 その他の専門的・技術的職業	12.8	53.2
310 総合職の事務	8.7	13.3
320 一般事務	12.5	11.1
325 医療事務	1.9	0.0
330 会計事務	0.5	50.0
350 営業・販売関連事務	10.1	10.8
390 その他の事務の職業	3.8	28.6
399 営業の職業	16.1	25.4
400 販売の職業	9.5	2.9
550 接客・給仕の職業	4.4	31.3
590 その他のサービスの職業	6.8	20.0
600 保安の職業	0.3	0.0
800 生産工程の職業	1.1	0.0
850 輸送・機械の運転	1.4	20.0
900 運搬・清掃・包装等	1.1	25.0
990 その他	3.8	50.0
計	100.0	24.5
n	*367*	

注）関連性に関する相関比（Eata）= .422

大学卒業後の初期キャリアにおいては、日本のメンバーシップ型雇用といっても、多くが初職を離れていく。この卒業生調査でみると、卒業3年までの対象者で初職を継続する者が8割、4－6年の間では5割弱、7－10年で3割強となっており、3分の2はすでに離職・転職している。ここで、キャリア教育が早期離職を抑制するかどうかという問題は設定しない。むしろ、多くが離職・転職していく中で、専門分野の教育がその時々にどの程度有用であったのかどうかという点に注目する。

　このための教育の専門分野と職業との関連性との要約的な指標として、相関比を使ってみよう。相関比は1に近いほど、専門分野の知識が特定の職業に強い関連性をもっているということを示す。逆に0に近いほど、どの職業でも当該の専門分野の知識の有用性は差がないことを示す。表9-3は、初職と現職の相関比の比較であるが、この調査で専門分野ごとに細かい分類を行ったばあいと日本標準職業分類の大分類で分析した場合の結果も比較している。

3．進路・初期キャリア形成と総合的な大学教育に関する満足度

　以上の卒業直後の進路や初期キャリアの状況は、大学教育の総合的な満足度にどう関連しているのか、前節までで扱った指標の単相関を検討する。表9-4のとおり、卒業直後の進路と初職である。4つの変数を検討してみたところ、「初職を継続」しているかどうかということよりも、「初職が大学での専攻分野と関連」しているかどうかということが、大学への満足度とより強く関連している。

〔表 9-3〕初職と現職の大学専攻との関連度—研究会の固有分類と標準職業分類に基づいて—

		観光	人文・ビジネス	国家資格等 （福祉・保育）	国家資格（栄養 士・管理栄養士）
IR機関対応 小分類	初職	.564	.422	.802	1.000
	現職	.570	.388	.714	.931
日本標準職業 大分類	初職	.310	.385	.738	.902
	現職	.335	.326	.645	.809

〔表9-4〕卒後直後の進路・初職と大学教育への総合的満足度

	相関係数	有意確率 （両側）	n
初職の専攻分野との関連度	−.153	.003	380
初職の継続	−.115	.025	384
進路：「進学も就職もしない」ダミー	−.089	.080	391
初職就業形態：「契約・派遣など非正規」 「パートタイム・臨時など」ダミー	.037	.475	381

注）網掛けは相関係数・1％の有意確率（両側）

4．関連分野への就職に導く職業統合的学習

　この関連分野への就職は、どのように実現するのか。専門分野によっても異なるので、ここでは人文・ビジネスと観光の、いわゆる国家資格系分野以外をまとめてみると、その中でインターンシップ経験者の60.0％が関連分野に就職しており、就業体験の全くない学生の41.7％と比較して有意に高い比率である。同等の機能を果たすのが、「専門と関連するアルバイト」の経験であり、この分野における資格実習も同様である。アルバイトで社会経験をして就職につながるという訳ではなく、専門と関連しないアルバイトは、むしろ否定的な効果をもたらしていることがわかる。

5．学修成果としてのコンピテンシー形成のTPOと大学教育

　次に、職業統合的学習などを含めて、何が学修成果を規定するのか検討しておきたい。

　大学における学修成果目標となるコンピテンシー形成には、大学教育のみが関わるわけではない。大学入学前の経験から就職後の様々な経験まで、また在学中も正規の教育課程としての講義や演習を通して意図的な教育が成果を生む場合もあれば、インターンシップなどのように必ずしも単位化されていない場合があるもの、部活・サークル活動など第一義的にコンピテンシー形成を想定されておらず「計画された偶然」として位置づけられるもの、「アルバイト」のようにコンピテンシー形成がおよそ意図されず大学教育の教育指導の範囲としても想定されていない

〔表9-5〕インターンシップ等の体験別（複数回答）の初職の専門分野との関連度

(%)

	関連分野 である	関連分野 でない	合計	(n)
資格演習	57.2	42.8	100.0	*159*
インターンシップ	60.0	40.0	100.0	*220*
専門と関連するアルバイト	61.1	38.9	100.0	*54*
専門と関連しないアルバイト	53.8	46.2	100.0	*409*
就業経験なし	41.7	58.3	100.0	*24*
合計	53.6	46.4	100.0	*409*

注) 集計対象は、ビジネス・キャリア・人文・観光の専門分野

が「潜在的機能」としてそうした効果を生み出すものも検討している。

　表9-6と表9-7は、人文・ビジネス系と国家資格系（福祉・保育）の例示となっているが、6つの能力群ごとに、その能力形成に寄与したと考えられるTPO（時間と場所と機会）について複数回答で質問した結果である。

　基礎的な知識は、どの分野でも「小中高」で学修していると回答しているが、国家資格（栄養士・管理栄養士）の場合には、「1・2年次の教養教育」などもその修得に寄与していると多くの卒業生は回答している。

　専門的な知識、専門的な技能については、国家資格系の2つの分野では「座学や理論的な授業」、「実習・演習など」を通して修得したと回答するものが多いのに対して、観光、人文・ビジネスなどの非資格系ではこれらの活動を含めて在学中にコンピテンシー形成が完了しているとは見られていない。むしろ、「職場での経験や訓練」の方が高い回答比率となっている。国家資格系においてもこの「職場での経験・訓練」の重要性は同様に認識されている。

　それでは、職業生活等での必要度の高い基礎的・社会的技能についてはいつどこで形成されるのかというと、どの分野でも「職場での経験や訓練」がもっとも重要で、次に在学中の「学外でのアルバイト」があげられている。国家資格（栄養士・管理栄養士）では「インターンシップなどの学外学習」や「実習・演習など」「家庭や小中高」などが関わって

おり、国家資格等（福祉・保育）でも類似する傾向があり、非国家資格系ではこれらとともに「部活・サークル活動」が貢献していると認識されている。

　また、コンピテンシー形成の時間軸については、大学 IR としての観点から、入学前・在学中・卒業後の３時期区分による能力形成の比率を推測してもらった。表9-6、表9-7 のそれぞれの下段の数値は、現在の総合的な能力を 100％としたときに、10％刻みでそれぞれの時期区分の能力形成評価をしてもらったものの平均値である。総合的にはどの分野でも大学在学中に30％以上の能力（コンピテンシー）を形成したと回答しており、大学教育の肯定的な評価があるものと想定される反面、卒業１年目の回答者でも３割程度の能力（コンピテンシー）を形成したと回答しており、職場経験のインパクトの大きさについては、詳細な検討が必要なところであり、今後の課題としておきたい。

[表9-6] コンピテンシー形成のTPO—人文・ビジネス—

(複数回答、%)

1) コンピテンシー各要素別の形成時期と場面	大学前	大学在学中								大学卒業後			計	n
	家庭や小中高	座学や理論的な授業	実習・演習などの授業	1・2年次の教養	教養インターンシップなどの学外実習	卒論・卒業研究	部活・サークル活動	学外でのアルバイト	職場での経験や訓練	自主学習・自己啓発	その他の社会的な経験		
基礎的な知識	77.0	25.5	11.7	27.9	3.8	8.7	7.0	14.1	20.1	12.5	8.7	100.0	
専門的な知識	13.8	35.8	33.6	23.0	6.8	29.5	4.3	10.0	35.0	18.2	11.1	100.0	
専門的な技能	11.9	20.6	38.2	21.1	5.1	21.1	7.0	11.4	41.5	20.1	11.7	100.0	369
基礎的・社会的な技能	30.4	13.8	16.0	16.0	9.2	12.2	22.0	42.0	46.6	16.8	16.0	100.0	
統合的な学習知識と創造的思考力	30.1	20.1	25.5	15.4	6.5	19.2	13.8	17.6	38.2	15.4	14.9	100.0	
グローバルな能力	26.8	15.2	10.6	17.1	10.0	9.5	7.9	11.7	19.8	13.8	20.9	100.0	

(10%刻みでの回答の平均値)

2) コンピテンシー形成の時期	大学前	大学在学中	大学卒業後		n
修得の比率	38	30	32	合計=100	381

[表9-7] コンピテンシー形成のTPO－国家資格等（福祉・保育）－

（複数回答、％）

1) コンピテンシー各要素別の形成時期と場面	大学前	大学在学中							大学卒業後			計	n
	家庭や小中高	座学や理論的な授業	実習・演習などの授業	1・2年次の教養	教育インターンシップなどの学外実習	卒論・卒業研究	部活・サークル活動	学外でのアルバイト	職場での経験や訓練	自主学習、自己啓発	その他の社会的な経験		
基礎的な知識	64.7	22.1	19.1	20.6	10.3	11.8	8.8	17.6	23.5	17.6	17.6	100.0	
専門的な知識	8.8	41.2	52.9	33.8	20.6	25.0	7.4	4.4	48.5	27.9	22.1	100.0	
専門的な技能	2.9	20.6	68.8	16.2	25.0	8.8	8.8	5.9	54.4	26.5	22.1	100.0	68
基礎的・社会的な技能	27.9	14.7	25.0	22.1	19.1	7.4	19.1	35.3	58.8	17.6	26.5	100.0	
統合的な学習知識と創造的思考力	25.0	25.0	27.9	22.1	11.8	23.5	16.2	13.2	48.5	16.2	25.0	100.0	
グローバルな能力	23.5	19.1	11.8	16.2	8.8	4.4	14.7	5.9	14.7	13.2	19.1	100.0	

（10％刻みでの回答の平均値）

2) コンピテンシー形成の時期	大学前	大学在学中	大学卒業後		n
修得の比率	32	33	35	合計＝100	70

－ 156 －

6．職業統合的学習の有用性

　本章では、卒業後の状況、初期キャリア形成を視野に入れて、大学教育の職業的有用性（レリバンス）の検討を行った。

　大学卒業後の進路、初職の状況とその継続、現職と職場における評価・処遇などの＜初期キャリア＞指標群は、大学教育から職業生活への移行を検討するために欠かすことのできないものである。どのような志向性をもつ大学教育においても、質のよい（ディーセントな）職業生活への移行が成果指標となる。

　また、無前提に望ましい移行・初期キャリアパターンを想定するというよりも、大学教育プログラムの志向性と整合的な初期キャリア形成という観点、すなわち教育の職業的関連性が重要な成果指標となる。

　そして、そうした移行、初期キャリア形成のための財となる知識・技能・態度等は、大学での学修成果と、それをもとに初期キャリア形成の過程で形成される知識・技能・態度等と相まって向上していくものであり、そうした＜学修成果＞とその展開としての＜コンピテンシー＞の形成も注目される。

　ここでは＜職業＞の分野に注目し、資格系専門分野の卒業生の多数が、専攻分野と関連する初職や現職につく傾向があり、非資格系専門分野の卒業生の多数は、専攻分野と関連しない初職や現職につく傾向がみられた。稲永（2016）の専門学校での分析のように、関連分野の範囲の広さ－狭さを検討していくことで、今後、対応する教育プログラムにおける学外実習の導入など教育方法論の特化につながるであろう。

　第二には、初期キャリア形成において、＜職業と専攻分野との関連性＞は、それ自体が重要な成果指標である。また、「出身大学への満足度」は卒業生の母校への総合的な評価・愛着を測る重要な指標である。これらを分析対象とし、初期キャリア諸指標と満足度との単相関を検討してみると、卒業直後では「非正規就業」や「卒業時の進路未決定」などの移行指標もしばしば社会問題としてとりあげられているが、それらは必ずしも卒業生の母校への評価・愛着とは直接につながらないことが明らかになった。

　むしろ、「初職が大学での専攻分野と関連」するかどうか、「現職が大学での専攻分野と関連」するかどうか、「本学の専門知識を職業で活用」できるかどうか、などの職業の専門関連性指標が、いずれも大学の総合的満足度と強い相関を持っている。

　そして、こうした進路への移行を促進するのが、インターンシップや資格実習、専門と関連するアルバイトであり、職業統合的学習の有用性を確認することができるのである。

　第三には、＜キャリア展開軸にそったコンピテンシー形成のTPO＞を検討した。卒業時点と調査時点の時間差も考慮しつつ、どのような時間、場所、経験 (TPO) を通してコンピテンシーが形成されているのか、入学前－在学中－卒業後の各段階に区分して、TPOとして、講義や演習などの正課プログラムだけではなく、非正課の教育プログラムや指導と学習の環境 (インターンシップやサークルなど)、教育が意図されていない経験 (アルバイトなど) なども含めて把握した。その結果、コンピテンシーの修得の段階性と、修得に係るTPOについて、実際のサンプルデータによる検討をおこなった結果、大学卒業後のごく短期間であっても、卒業生のコンピテンシー形成に及ぼす＜初職の職業経験と職場のインパクト＞大きさが明らかになった。

　それではどのような学習や経験が効果を発揮するのか、＜インターンシップおよび職業統合的学習＞の重要性はここでも読み取ることができる。大学教育における＜卒論・卒業研究＞＜実習・演習など＞も専門的知識や専門的技能を中心に効果を発揮している。同時に、＜アルバイト＞や＜サークル＞などの非正規の学びの諸側面にも十分な理解と配慮が必要なことが分かる。

第10章

往還する学びと教育の効用(3)
教育の遅効性と30歳社会的成人

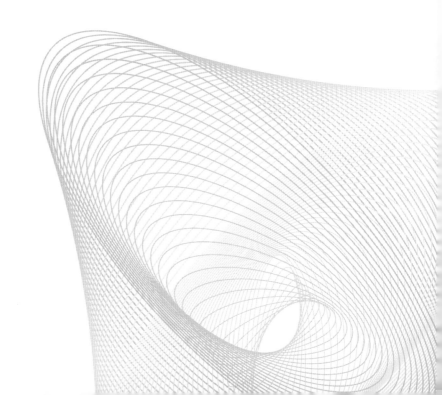

1. 教育のペダゴジーと効果の発現タイミング

1.1. 職業・社会への移行と大学教育改善の課題

　1990年代以後、それまで日本社会の中で整合的な位置を得ていた大学・企業・学生の三者の共同謀議による「空洞化した大学教育」が批判され、ざまざまの教育の改善と改革に大学が取り組むようになってきた。直接には、グローバル化などに伴う競争的環境のもとで日本的経営の見直しが進んでいったためである。企業は学卒者の訓練費用を節約していこうとして、それが大学教育に即戦力育成を求めることにつながっている。日経連（1995）が提示した三層分化の雇用多様化モデルも、そうした長期能力育成型の基幹雇用の規模を限定し、むしろ専門能力活用型や非正規雇用の拡大方針を示したものである。ただし、それは、結局企業自身がもうひとつの問題状況である「若者の未成熟」にかかるフリーター増加の客観条件を提供しているという面も見落とせない。

　「若者の未成熟」の問題は、1990年代後半から大学卒業後の無業や、「フリーター」の増加が注目され、その延長として、両親に依存した「パラサイト・シングル」問題（山田1999）もクローズアップされてきた。ただし、こうした職業への移行に関わる亀裂の問題は、バブル崩壊以前からもともと存在しており、若年者の中退者や、学校卒業直後の無業者が1990年中卒コーホートでも、つまり移行システムの完成段階において同年代の4分の1存在しており、問題はそうした移行システムの亀裂に目を向け、諸外国のようなセイフティーネットの方法論を開発してこなかったことである（吉本1998）。

1.2. 問題の再構成―若者の人生の時間軸の組み込み―

　前章で検討したように「大学教育の空洞化」は、効率的に大学を駆け抜けるアプローチであり、「若年者の未成熟」を含めて、単に否定されるべき問題現象とだけは言いきれない。つまり、「空洞化」した大学教育の中に未成熟な若者を放置していたということは、学生が、自分自身で将来の課題を模索し、自由に自主的な活動で埋めていくための環境を提供したということである。また、未熟な若者を大学卒業直後に採用し

てきたことは、企業社会が彼らを真剣に受けとめ、結果的に長期にわた
る「成熟」のシステムを構築してきたことを意味している。

　そうなると、そういう「成熟」を経たときに、それまで「空洞」と思わ
れた大学生活における学習やさまざまな経験が、また異なって見えてく
るのではないだろうか。本章では、上記の2つの通説的問題認識に対置
して、それらと表裏をなす次の2つの仮説、「30歳社会的自立仮説」と
「大学教育の遅効性仮説」を提起していきたい。

1.2.1.　「30歳社会的成人」仮説

　現代日本では社会的な自立にいたるまでの「青年期」が長期化してい
るが、それは日本だけの問題ではない。多くの先進諸国で、20歳代前
半まで高等教育在籍者の比率が上昇し、これらと関連して、高等教育に
対する私的受益者負担の考え方が強くなり、また結婚・出産年齢が上昇
する。親の影響力から離れて経済的・社会的に自立する時期が遅くなる
ことは、そうした社会変化の自然な成り行きともいえる（Jones and
Wallas1992）。そこで、OECD（2000）では、市民性の獲得に関連した「社
会的な包含性と排他性」、アカデミックな学習と職業的な学習の統合、
中等教育から生涯教育までの資格制度の統合、などが「移行」問題とし
て論じられたのである。

　また、20歳代後半までの年齢段階というのは、「市民性」に関わる試
行錯誤段階であるにとどまらず、大卒者が職業的な「一人前」になるま
での試行錯誤段階として把握される必要がある。日本の大卒者の場合、
卒業時には「訓練可能性」をもとに配属されて初期的なキャリアをスタ
ートさせている以上、一定の幅と深さをもった「専門的熟練」を形成す
るまでには、OJTやジョブ・ローテーションなど一定の時間と経験を必
要とする。つまり、本稿で検討する「30歳社会的成人仮説」は、「而立
＝学問的見識を確立する、一生の進路を決める」という古典的学問スー
パースターの世界だけでなく、また現代の「パラサイト」型の若者の社
会的自立問題だけでなく、企業社会でのいわゆる日本的経営のもとでの
大卒ホワイトカラーの「一人前」になるまでの初期キャリア形成の問題

に適用しうるのである。

　日本の「熟練」を論じてきた小池和男ら（1991）は、多くの企業の大卒ホワイトカラーについて、「10年程度の初期キャリア第一期」があることを明らかにしている。これは欧米との比較でいえば、「長期の訓練と遅い選抜・昇進」モデルとして論じられた[注1]。その後、小池・猪木（2002）は、この一定範囲の部署で形成される熟練仮説を拡張し、国際的にも普遍性があるという仮説で国際比較を展開している。ただし、その結果は、アメリカや英国ではそうした熟練形成が明らかになっているが、ドイツの事例分析は、この点から見て不徹底に終わっている。しかし、このことは、大卒ホワイトカラーが「一人前」になるまでに一定の初期キャリア段階があるという仮説を否定するものではなく、むしろ、このドイツの例外状況こそ、「30歳社会的成人」仮説を設定することで説明可能なのである。

　つまり、各国の大卒ホワイトカラーは30歳前後まで、「一人前」のホワイトカラーの前段階としての初期キャリア段階を経験すると仮定すると、すべてが整合的に解釈できる。ドイツなどのように大卒者の卒業年齢の高い国では、卒業から30歳までの「一人前」までの期間が短く、卒業時には「専門的能力」をもとに職場へ配置される。そこでは、高等教育段階での専門教育が、管理的なポジションや専門職業的な準備に直結しているが、若者は、それだけに、そうした専門への集中に向けての試行錯誤をその卒業前に行うことになる。大学入学前あるいは在学中に、あるいは大学を長期的に離れるなどして、職業経験や訓練だけでなく、ボランティア・兵役、その他さまざまな青年期にかかる私的生活を経験して、結果的に長期間の大学在籍となるのである。

　他方、日本で丹念な企業内での熟練形成のプロセスがあるとすれば、それは、「大学教育の空洞化」で入職時に適切な熟練にいたらないまま若い新卒者が企業に入ってくるからでもある。しかしそれは、まさしく「青年期の長期化と社会的自立問題」という先進諸国に共通する問題状況を先取りして、企業社会がそれに対応してきた結果とも言えるのである。

　つまり、日欧比較調査から、「長い初期キャリア形成と遅い昇進」という日本固有の特徴とみられるものが、「30歳社会的成人仮説」をもとに考えれば、日本では企業等での初期キャリアがその「成人」までの成熟過程に位置しており、欧州大陸諸国では高等教育段階がそこに位置づけられるということなのである。

1.2.2.　「大学教育の遅効性」仮説
　高等教育研究においては、Bowen（1977）が、高等教育の個人的な効用とともに社会的な効用を重層的に把握する必要性を指摘している。また Brennan, Kogan and Teichler（1996, p.19）は、「高等教育から職業への移行に関する研究結果は、職業キャリアの開始期の差異がどのように長期的なキャリアへ影響しているのかということが分からなければ、極端な過剰解釈がなされてしまう」と、長期的な効果（キャリア効果）の重要性を強調している。
　本章で、「大学教育の遅効性」というのは、大学教育の効果というのは卒業直後では潜在的であり、初期キャリアの進展に伴って教育の成果が顕在化するということである。そもそも、教育というものの基本的な思想は、「持続的な効果（Hymann, Wright and Reed 1975）」にある。もちろん、現実には知識主導経済の発展につれて、過去の知識が流行遅れになる速度は加速化してきており、知識の陳腐化と効用の持続性がどうバランスするのかが注目される。この点で、かつての東京大学総長の南原繁は、卒業生に向けて「教育というものは、学校で学んだことを悉く忘れた後に残っているものである」（南原 1969、147 頁）というメッセージを送っている。このメッセージ自体が、データによって検証されるべき仮説となるのである。高等教育から職業生活の対応性に関する「遅効的な効果」というのは、大卒者のキャリア初期段階で大学教育との対応性が弱く、さらに時とともに個別の大学知識は時代遅れになるとしても、キャリアを形成し適切な職業的役割を得た時に適切に活用できる知識や能力があり、総合的にみて時とともに大学教育と職業との対応性が強くなるということである（吉本 1999、2002）。

ここでは、大学卒業から30歳までの期間の長い日本では、短い国と比較して、卒業直後には大学知識の有用性が低く、しかしその後の経験を通して有用性が高まるという「大学教育の遅効性」とそのセットになる「30歳社会的成人」の仮説を、データをもとに検討していこう。

２．日本の大学教育知識・技能の有用性をめぐって
２．１．日本の大学教育はやっぱり役に立たない？

　前章で明らかなとおり、客観的な学習時間でみれば、日本の大学教育が「空洞化」しているということもできるが、それでは、「大学教育の空洞化」を測るもうひとつの指標、卒業生からみて大学教育が役に立ったかどうか、その自己評価という点からみていこう。

　「大学卒業時点までに獲得した知識・技術」を職業でどう活用しているのか、「大学知識の活用度」を日欧で比較したものが図 10-1 である。図 10-1 の各国の３組の棒グラフの一番左の棒グラフ（モデル 0 と表示）が、「活用度」の素点である。確かに国ごとの「活用度」の平均値でみれ

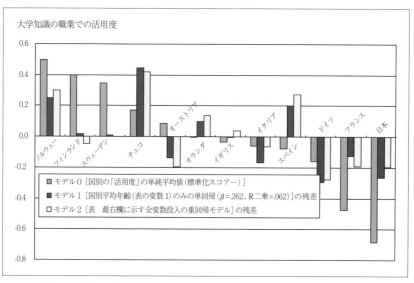

〔図 10-1〕「大学知識の活用度」要因をめぐる日欧 12 ヶ国の比較

ば、日本の活用度は日欧 12 ヶ国中の最下位である。役に立たない大学教育という結論がすぐにでも出せそうである。

　この日欧比較調査の指標作成の過程からも、日本の高等教育と職業との関係について容易に想像することができる。調査票は、参加する日欧のメンバー（当初は欧州 9 カ国と日本）が、それぞれの卒業生調査の経験を語り、調査項目を持ち寄り、メンバーで協議しながら、英語のマスター調査票をつくり、次に各国の言語での各国版調査票を作成するという手順をとる。マスター調査票から各国語への翻訳が適切かどうかという外部からの点検も経て各国版調査票はできあがるが、その過程で、当該国の制度や社会に相応しい形に修正することも許容されており、それぞれ国内での協議がなされている。

　この「大学卒業までに獲得した知識・技能を仕事で活用しているか」という設問を、日本側で作成するときに、そもそも大学卒業生が専門分野で就職しないことが一般的なのだから、単に使っているかどうかということで回答しにくいという意見もあり、結果的に、表 10-1 のとおり「現在の仕事には高等教育の学習内容は無関係」という選択肢を加えることになった。

　完全な比較可能性については減少けれども、それを考慮しても、右列にドイツの数字を並べて、日本の大卒者が大学知識・技能を「あまり使っていない」「全く使っていない」という比率の高さはいかにも否定しようがない結果であった。

〔表 10-1〕大学で獲得した知識・技能の活用度

	日本		ドイツ	
	男性	女性	男性	女性
1. 頻繁にやっている	7.6	10.9	13.0	12.5
2. かなり使っている	14.0	13.1	27.3	24.8
3. やや使っている	31.2	31.7	33.8	30.3
4. あまり使っていない	32.7	27.6	18.7	17.9
5. 全く使っていない	9.0	7.4	2.5	3.2
6. 現在の仕事には高等教育の学習内容は無関係	5.5	9.2		
対象者数（無回答含む）	1,483	1,075	2,108	1,572

２．２．追跡調査で明らかになる大学教育の遅効性

日本の大学教育の有用性が低いという問題は、しかし、時間軸を導入することで、異なった見方が可能になる。前章で見たように、学位取得までの効率的な移行の実態があるからである。

まず、日本労働研究機構で著者らが行った大卒追跡調査の結果をみよう。

一般に、物的投資の効用はいわゆる減価償却を通して時間とともに減ずるものであるし、教育を通して得た知識技術もまた、陳腐化を通して大学での知識の直接的な関連性、有効性は低下すると考えるのが自然のように思われる。しかし、追跡調査の結果をみると、その傾向はむしろ逆であり、年齢とともに大学の知識技術が不要な仕事を多く経験するようになるのではなく、年齢とともに大学教育の有用性が高まっていると見ることができる。

表 10-2 のように、年齢の高いほど、つまり就職後の年数が多いほど「大学の知識技術の不必要な仕事」を経験した者が少なく、「大学の知識技術と関連する仕事をした」者が多くなっている。つまり、就業期間中を通して、大学教育で得た知識・技術が活用できる仕事により近づく形

〔表 10-2〕大卒追跡調査の結果に見る大学知識の有用性の変化

コーホート		「バブル就職世代」 89-91年卒			「安定期就職世代」 83-84年卒		
調査年		92年	98年		92年	98年	
調査時の年齢		25歳 前後	30歳代 始め	n	30歳代 始め	30歳代 後半	n
大学の専門知識・技術が生かせる業務を経験してきた	計	32.3 <<	36.2	1,260	41.2 <<	46.3	1,034
	男	31.9	33.0	612	37.8	39.2	645
	女	32.7 <<	38.7	648	46.8 <	52.7	389
特に大学での知識や技術を必要としない業務を経験してきた	計	39.1	37.3	1,260	33.0	30.1	1,034
	男	38.7	36.9	612	34.7 >	29.9	645
	女	39.5	37.8	648	30.3	30.3	389

'<<'または '>>' は、p<.05、'<'または'>'は p<.10

注1）設問は、職業キャリアに関する 13 項目の多重回答から 2 項目の回答をとりだしたもの
注2）分析対象は、2 つの調査時点でいずれも職業についており、キャリアに関する設問に回答した者。
注3）比率の差は t 検定による。

資料出所　吉本 (1999) 図表Ⅲ 1-2 (146頁) より作成。

で多くの大卒者が職業キャリアを形成している。

　また、1983-83 年卒業という「安定期就職世代」と、1981-91 年卒業の「バブル就職世代」と、それぞれ、第 1 回調査と第 2 回調査（追跡）との間の 6 年間を比較すると、一貫した意識変化があり、大学教育が有効であるという方向での意識がより高まっている。

　とくに、女子における大学教育の「有用性の増加」は顕著なものがみられる。バブル期就職世代の卒業 3 ～ 5 年頃の大卒女子では、32.7%しか「大学で得た知識・技術と関連する仕事を経験してきた」と回答していないのに対して、その 6 年後には、年齢とともに「有用性」を意識している回答者が 38.7%までとなっている。さらに、安定就職世代の 20 歳代後半から 30 歳代半ばまでの 6 年間でも「大学教育の有用性認識」は高まっており、30 歳代半ばでこの「有用性」支持率は 52.7%となっている。

　すなわち、年齢とともに、職業キャリアを蓄積することで、より大学の知識の有用性を認識するようになるという「大学教育の遅効性」の仮説が支持されるのである。

2.3. 平均卒業年齢によって異なる大学教育の有用性

　次に、先に比較した日欧比較の図 10-1 の大学知識の活用の差違について、卒業年齢の違いを含めて検討してみよう。図 10-1 で示しているのは、日欧 12 ヶ国の国レベル、高等教育機関レベル、個人レベルの各説明変数を組み合わせて、「大学知識の職業での活用度」の重回帰分析を行ったところ、すべての国で、「在学中の就業経験と学習内容の関連度」が高いほど、「大学知識の職業での活用度」が統計的に有意に高いことが検証された。また、もっとも説明力の大きいのは「専門的・管理的職業」であった。そして、「卒業時の平均年齢」も第 3 に規定力の大きい要因であった。

　「大学卒業までの知識の職業での活用度」が、各国の平均卒業年齢によって有意に説明できるということは、個人レベルでの年齢とは別の、きわめて重要な意味を持っている(注2)。この図から読みとれることは明瞭である。「モデル 2」の 15%の説明力のうち、6%は各国の平均卒業年

齢レベルによって説明されるのであり、日本やフランスでの低い「活用
度」は、主として卒業生の年齢の若さによるものである。これらをコン
トロールすると、イタリア、オーストリアだけでなく、「専門関連性」
の代表格とみられてきたドイツとも同程度の「活用度」水準なのである。
日本の大卒者も、年齢段階相応の意味では大学知識を活用していると見
ることができるのである。

2．4．仕事の経験と活用レベルの向上

　次は、先の日欧調査（CHEERS調査）の後で実施したもうひとつの日欧
卒業生調査（REFLEX調査）の結果である。表10-3と表10-4をみれば、
卒業時の知識・技能の活用度とその5年後の活用度が比較できる。卒業
直後に一定の知識・技能を活用している保健・福祉、農学、教育だけで
なく、人文・社会などの分野でも活用度が高まっていることが確認できる。

〔表10-3〕2001年卒業後の初職における自分の知識・技能の活用度（学士）

	5とてもよく使っていた	4	3	2	1まったく使っていなかった	合計	(n)
教育	26.6	28.2	19.7	16.0	9.6	100.0	188
人文科学	12.0	17.7	23.7	23.3	23.3	100.0	317
社会科学	9.2	13.7	23.4	28.6	25.2	100.0	556
自然科学	21.6	13.6	14.4	24.0	26.4	100.0	125
工学	11.5	19.4	25.6	30.4	13.2	100.0	418
農学	27.3	18.0	20.0	19.0	15.6	100.0	205
保健・福祉	35.2	21.6	22.4	14.8	6.0	100.0	250
合計	17.4	18.2	22.5	24.1	17.8	100.0	2,059

〔表10-4〕2006年現在の仕事における知識・技能の活用度（学士）

	5とてもよく使っていた	4	3	2	1まったく使っていなかった	合計	(n)
教育	47.6	29.4	11.8	9.4	1.8	100.0	170
人文科学	27.1	26.0	21.2	15.8	9.9	100.0	292
社会科学	18.9	26.0	29.5	14.6	11.0	100.0	519
自然科学	33.6	21.3	19.7	11.5	13.9	100.0	122
工学	25.1	28.2	24.8	15.7	6.3	100.0	415
農学	33.9	27.5	19.6	13.2	5.8	100.0	189
保健・福祉	47.3	26.6	14.4	7.7	4.1	100.0	222
合計	29.7	26.7	22.3	13.4	7.9	100.0	1,929

3.　タテ方向・ヨコ方向での職業生活への対応性

　大学教育の有用性を吟味していくと、それはタテ（垂直次元）とヨコ（水平次元）の2次元に分けてみることが重要である。つまり、学歴と仕事のレベルとの対応というタテ方向と、仕事のタイプと専門分野との対応というヨコ方向の対応性である。

　日欧調査では、タテ（垂直次元）の対応性については、「あなたの仕事環境（地位、職名、収入、職務など）を全体として考えると、あなたの仕事にもっともふさわしい学歴はどれくらいだと思われますか」という設問を用いた[注3]。

　表10-5から明らかなのは、オランダの学卒者の方が、日本の学卒者に比べて、相対的に学位の対応性をより高く認識していることである。

〔表10-5〕学位と現在の仕事との対応（垂直方向）

| | | 日本 | | オランダ | | | |
		大卒3年	大卒8-10年	大卒3年	大卒7年	HBO卒3年	HBO卒7年
機関別計	平均値	2.66 <	2.94	2.92 <	3.06	2.90 <	2.99
	標準偏差	*0.82*	*0.76*	*0.72*	*0.78*	*0.63*	*0.60*
	対象数（n）	2584	1705	1113	803	1652	1206
高等教育機関の選抜度		***	***	***		***	**
	上位ランク	2.79 <	3.11	3.05	3.11	2.89	2.95
	中位ランク	2.66 <	2.96	2.93 <	3.16	2.89	2.93
	下位ランク	2.50 <	2.71	2.82	2.93	2.90 <	3.05
専攻分野別		***	***	***		***	***
	人文科学分野	2.53 <	2.83	2.60	2.74	2.72	2.89
	法学分野	2.59 <	2.85	3.03	3.06	－	－
	経営学・経済学分野	2.40	2.35	2.91 <	3.07	2.95 <	3.17
	自然科学分野	2.87 <	3.27	3.02	2.99	－	－
	工学分野	2.78 <	3.06	2.83 <	3.02	2.96 <	3.15
	医療分野	3.15 <	3.39	3.41 <	3.74	2.89	2.98

F検定：*p＜.05 **p＜.01 ***p＜.001 t検定：'<'または'>'　p＜.05

注1）学位の垂直方向の対応性：「卒業した学位よりも高いレベル＝1」「卒業した学位と同等のレベル＝2」「卒業した学位よりも低いレベル＝3」「高等教育レベル以下＝4」
注2）調査時点で仕事をしている学卒者のみを分析対象とした。
注3）専攻分野については、11分野（教育、人文科学、法学、経営学・経済学、社会福祉学、社会科学、自然科学、工学、農学、医療、その他）の中でサンプル数の多いセルを表示した（'－'はサンプル数が少ないもの）
注4）高等教育機関の選抜度間、および専攻分野間の平均値の差の検定は、F検定による。コーホート間の平均値の差に対しては、t検定による。

資料出所　吉本・山田（2003）表5-7（91頁）より作成

そして2つのコーホート間での「キャリア効果」に関連して、日本では、2つのコーホート間で回答傾向に有意な差がみられた。年長コーホートでは、若年コーホートに比べて、対応性が0.28ポイント高くなっている。

水平方向の対応性については、「現在の仕事をする上で、在学中の専攻分野はどの程度役に立っていますか」という設問を用いた。表10-6は、5段階尺度での水平次元での対応性を平均点で示したものである。その結果、第一に、日本とオランダとで顕著な差異があり、オランダでは、日本よりも学卒者が専攻分野と仕事との対応性を高く評価している。第二に、コーホート間の差異性をみると、日本の学卒者で、年齢が高いほどヨコ（水平次元で）の対応性が強くなるという傾向が見られた。日本の年長コーホートは、在学中の専攻分野で獲得した知識、技術、能力の

〔表10-6〕在学中の専攻分野と現在の仕事との対応（水平方向）

		日本		オランダ			
		大卒3年	大卒8-10年	大卒3年	大卒7年	HBO卒3年	HBO卒7年
機関別計	平均値	3.18 <	3.37	3.84	3.93	3.95	3.97
	標準偏差	*1.41*	*1.37*	*1.06*	*1.02*	*0.98*	*0.98*
	対象数（n）	2735	1800	1115	805	1652	1201
高等教育機関の選抜度			*	*	***		
	上位ランク	3.14 <	3.49	4.05	3.99	3.99	4.02
	中位ランク	3.18 <	3.38	3.85	3.98	3.95	3.98
	下位ランク	3.22	3.23	3.70	3.85	3.94	3.95
専攻分野別		***	***	***	***	***	***
	人文科学分野	3.02 <	3.31	3.28 <	3.58	3.82	4.03
	法学分野	3.03	3.16	4.25	4.08	－	－
	経営学・経済学分野	2.88	2.82	3.78	3.93	3.73	3.78
	自然科学分野	3.08	3.30	3.92	3.67	－	－
	工学分野	3.55	3.58	3.94	3.96	3.99	3.88
	医療分野	4.59	4.68	4.47	4.68	4.28	4.28

F検定：* p < .05

注1）専攻分野の水平方向の対応性：5段階尺度；非常に対応している =5、まったく対応していない =1
注2）調査時点で仕事をしている学卒者のみを分析対象とした。
注3）専攻分野については、11分野（教育、人文科学、法学、経営学・経済学、社会福祉学、社会科学、自然科学、工学、農学、医療、その他）の中でサンプル数の多いセルを表示した（'－'はサンプル数が少ないもの）
注4）選抜度別および専攻分野間での平均値の差について、F検定を行った。コーホート間の平均値の差に対しては、T検定を行った。資料出所　吉本・山田（2003）表5-8（93頁）より作成

資料出所　吉本・山田（2003）表5-8（93頁）より作成

レベルが卒業後に改善することで、若年コーホートより職業キャリアの
対応性がより強くみられた。

　すなわち垂直次元、水平次元いずれも、本調査データは「遅効的な効
果」仮説を支持していることが明らかになった。この「遅効的な効果」
は水平次元よりも、垂直次元の対応性に関して、より明確にあらわれて
いた。すなわち、データには一貫した傾向があり、オランダでは、大学
は専門大学と比べて垂直方向の対応性が高く、専門大学は大学と比べて
水平方向の対応性が高いことが明らかになった。また、日本では、上位
ランクの大学・学部出身者は他と比較して職業キャリアにおける垂直次
元での対応性が高く、下位ランクの大学・学部出身者は他と比べて、入
職初期段階で水平方向の対応性が高いことがわかった。

　上述のタテ・ヨコ方向での高等教育の有用性に関して、重回帰分析に
よって各要因の影響力の相対的な強度を検討した結果が表 10-7 である。
ここでは、独立変数には「属性・現職」「卒業後の経験」「機関特性」「カ
リキュラム特性」「学生生活」という 5 つの変数群を取り上げた。属性変
数には性別・年齢・現職を、卒業後の経験に関する変数は「卒業後の経
過年数」を、機関特性については高等教育機関のタイプや選抜度を、カ
リキュラム特性としては、11 カテゴリーの専攻分野と、2 因子のカリキ
ュラム特性・教育条件[注4]を、学生生活の変数は、年間の「総学習時間」
と「総労働時間」、「専攻分野と対応した在学中の就業体験の有無」をと
りあげた[注5]。

　結果は、表 10-7 の通り、コーホート間での「キャリア効果」に注目す
ると、日蘭の垂直次元での対応性については、有意な「キャリア効果」
が存在し、日本の方がオランダよりも大きい効果が見られた。なお、「卒
業時の年齢」については負の係数があり、キャリア効果が若年卒業者に
とってより大きいこと、つまり若年者ほど、職業キャリアに対応すべく
「訓練可能な」学卒者として認識されることが明らかになった。

　カリキュラム特性については、アカデミック志向がタテ方向での対応
性、職業教育志向がヨコ方向での対応性に影響していることがわかった。

〔表 10-7〕学位／専攻分野と現在の仕事との対応性に関する重回帰分析結果

		日本				オランダ			
		学位		専攻分野		学位		専攻分野	
定数			***		***		***		***
①属性・現職	性別	0.111	***	0.040	*	0.059	***	0.003	
	調査時の年齢(卒業時の年齢に対応)	-0.011		0.010		-0.073	***	-0.018	
	現在の仕事								
	管理的な職業、専門的な職業	0.248	***	0.253	***	0.264	***	0.106	***
	サービス・販売職	-0.062	***	-0.070	***	-0.167	***	-0.077	***
②キャリア	卒業後の経過年数性別	0.085	***	0.013		0.056	***	-0.003	
③高等教育機関	高等教育機関のタイプ	0.086	***	0.047	**	-0.035	*	-0.049	**
	高等教育機関の選抜度	0.059	***	-0.025		0.022		0.033	*
④カリキュラム	専攻分野								
	教育学分野	0.046		0.035		-0.020		0.237	***
	人文科学分野	0.049		0.004		-0.064	**	0.056	*
	法学分野	0.066		0.062		0.030		0.169	***
	経営学・経済学分野	-0.017		0.005		0.065	*	0.143	***
	社会福祉学分野	0.040		0.028		-0.016		0.142	***
	社会科学分野	0.051		-0.031		-0.048		0.048	
	自然科学分野	0.080	*	-0.034		0.005		0.065	**
	工学分野	0.068		0.056		0.004		0.165	***
	農学分野	0.083	***	0.044		0.035		0.093	***
	医療分野	0.138	***	0.181	***	0.128	***	0.295	***
	カリキュラムの志向性								
	アカデミック志向	0.050	**	0.044	**	–		–	
	職業教育志向	0.037	*	0.095	***	–		–	
⑤学生生活	年間の総学習時間	0.036	*	0.058	***	–		–	
	年間の総就業経験時間	-0.012		-0.048	**	–		–	
	在学中の専攻分野と就業体験の関連性	0.077	***	0.133	***	–		–	
R 二乗		0.208		0.221		0.158		0.092	
調整済み R 二乗		0.204		0.217		0.155		0.088	
総数		4,099		4,331		4,559		4,559	
F 値		48.601		55.454		50.143		26.909	
F 値によるモデルの有意水準		0.000		0.000		0.000		0.000	

***p< .001 **p< .01 *p< .05

注1) 説明変数のセルの係数は標準化ベータである。分析で使用しなかった変数は、'-'で示している。
注2) 調査時点で仕事をしている学卒者のみを分析対象とした。
注3) a) 非説明変数
　　　学位の垂直方向の対応性　　　　　　　　:4段階「卒業した学位よりも高いレベル=1」「卒業した学位と同等のレベル=2」「卒業した学位よりも低いレベル=3」「高等教育レベル以下=4」
　　　専攻分野の水平方向の対応性　　　　　　:5段階(非常に対応している=5、まったく対応していない=1)
　　b) 説明変数
　　　性別　　　　　　　　　　　　　　　　　:ダミー変数(男性=1、女性=0)
　　　卒業時の年齢　　　　　　　　　　　　　:21歳から45歳の範囲のデータのみ分析
　　　高等教育機関のタイプ　　　　　　　　　:ダミー変数(日本では国公立=1、私立=0;オランダでは大学=1、HBO=0)
　　　高等教育機関の選抜度　　　　　　　　　:3段階(上位ランク=3～下位ランク=1:日本は予備校情報による、オランダは、高校成績についての調査回答の分布による)
　　　専攻分野　　　　　　　　　　　　　　　:11分野に関するダミー変数(教育、人文科学、法学、経営学・経済学、社会福祉学、社会科学、自然科学、工学、農学、医療、その他)
　　　カリキュラム特性　　　　　　　　　　　:7項目による因子分析結果によるアカデミック志向、職業教育志向の各因子得点
　　　年間の総学習時間　　　　　　　　　　　:学期中の時間×30＋学期外の時間×20
　　　年間の総就業経験時間　　　　　　　　　:学期中の時間×30＋学期外の時間×20
　　　在学中の専攻分野と就業体験の関連性　　:ダミー変数(関連あり=1、関連なし=0)
　　　現在の仕事　　　　　　　　　　　　　　:3分類によるダミー変数(管理的な職業・専門的な職業、サービス・販売職、事務職・その他)

資料出所　吉本・山田(2003)表5-9(96頁)より作成

　それと同時に興味深い点として、アカデミック志向がヨコ方向での対応性に対してもプラスの効果をもち、職業教育志向がタテ方向でのプラス効果をもっていた。これらの結果は、カリキュラムの志向性がどのようなものであっても、一定の明確な志向性のもとでカリキュラムが編成されていれば、それが結果的に、卒業生に高等教育とタテ・ヨコ両面で対応した職業キャリアの形成に向かわせることを示しているのであろう。

　また、学生生活や経験の教育効果についてみると、就業体験が大学の専門分野と対応しているかどうかが重要であることが分かった。また、日本の学卒者では、学習時間もタテ・ヨコの対応性に有意に関連しているが、他方、就業経験時間については、ヨコ方向での対応性について、むしろ有意でマイナスの効果を示した。つまり、就業体験が教育的な意味を持つかどうかは、量よりも質的に左右されるのである。

　さて、本章の仮説に戻って考えると、年齢・時代・世代により変化するものの規定要因を探ることはいわゆる「アイデンティフケーション問題」であるが、先の同一対象の追跡調査の分析結果から、大学教育の効果について、「世代効果」を完全に排除できることが明らかであり、この分析からは「時代効果」を完全に排除できる。それ故、年齢の効果、つまり卒業後にキャリアを積み重ねるとともに大学教育の垂直次元・水平次元での効果がそれぞれ顕在化していくという「遅効性」の「キャリア効果」が支持されるのである。

4．日本における大学教育の遅効性

　本章では、卒業後一定期間にわたって大学教育の効用が持続し、特に後になってより効用が顕在化するという「遅効性」をもった「キャリア効果」が、日蘭ともにみられることを明らかにした。こうした効果は、長期継続雇用と企業内教育を通した能力形成が発達した労働市場システムがある場合に、また特定の専門分野に教育の焦点を絞り込まない高等普通教育が展開している場合に、特に強固なものとなるのである。そして、これは、企業内で30歳前後の各職場での一人前になるまでの間に、広範な教育訓練投資を行う「30歳社会的成人」説を背景として成立して

いるシステムということもいえるのである。

【注】

(1) そのように長い初期キャリアと遅い昇進は、大卒ホワイトカラーが企業内でも特別の庇護型キャリアルートにあり、強い年齢規範に準拠し、一定段階までは同期がすべて同一ポジションまで昇進できるという労働組織モデルが形成されていることに由来するものである。八代 (1995) は、この点で、高度成長期に企業内の労働組織のピラミッド構造が拡大することで、大卒以外に高卒にも、また女子に対してもキャリアチャンスを提供することができたことを指摘している。換言すれば、高度成長が、大卒者のマス化へ企業が対応するための適切な追い風になったのである。

(2) 図 11-1 の「モデル 1」は、「各国の平均卒業年齢」のみによる単回帰を行った結果（β =.262、R 二乗 =.062）の残差をプロットしたものである。「モデル 2」は、個人レベルのその他の変数を含めて総合的な重回帰分析モデルによる残差を抽出した。

(3) 調査票の選択肢のカテゴリーは日蘭で異なるが、これを、現在の仕事で要求されるレベルを「所持している学士より上のレベル」から「高等教育レベル以下」の 4 段階の順序尺度に再コード化して使用した。分析対象は、現在職業を持っていない者、無記入・未回答の者を除外して、9840 人、全サンプル中の 83.3% である。

(4) 高等教育カリキュラム・教育条件の特色について、「学習の内容や方法」で重視されていたもの 12 項目、「大学の準備した勉学のための諸条件」18 項目の中から、7 項目をもとに因子分析を行い、「アカデミック志向」「職業教育志向」の 2 因子を抽出して用いた。すなわち、「職業教育志向」因子は、「在学中の就業体験」「就職指導の組織や企業実習機会の提供」「授業における実学性の重視」「コミュニケーション能力の習得」の項目が高い寄与をし、「アカデミック志向」因子は、「授業におけるアカデミックな内容の重視」「理論や概念の学習」「卒業論文・卒業研究の作成」の項目が高い寄与をしている。日本の大学序列が上位レベルは他のレベルに比べてアカデミック志向が強く、オランダでは、大学は HBO に比べてアカデミック志向が強いことが明らかになった。反対に、日本の上位レベルの大学がオランダの HBO に比べて職業教育への志向性が低いことが明らかになっている（吉本・山田 2003 参照）。

(5) 吉本・山田 (2003) では、オランダの場合、年長コーホートが上記独立変数を全て質問してはいないため、「共通の変数による 2 コーホート分析モデル」、「コーホート分析を扱わない全変数による若年コーホート分析モデル」の 2 つの分析を行ったが、本稿では、「2 コーホート比較」モデルのみを示す。

第4部

往還する
<教育のガバナンス>

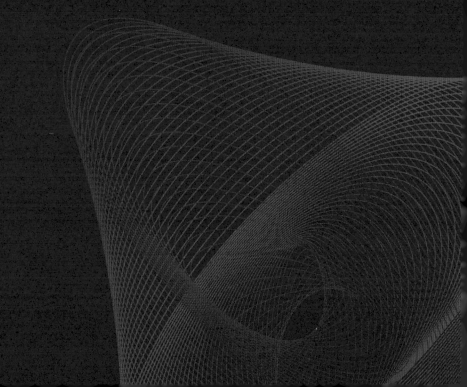

往還する教育のガバナンスは、その目的・目標に関わる地域・産業・職業の関係者がどのように教育を評価するのか、その評価を踏まえて教育の PDCA ないし内部質保証がどのように機能するのかという問題である。ここでは、これまでの政策科学的、実証的な研究を踏まえて提起できるガバナンスのモデルを展望する。

　第 11 章では、学修成果の点検評価のために不可欠な卒業生調査のシステムの構想とその IR としての活用を提案する。第 12 章では、職業教育のガバナンスにかかる近年の UNESCO 勧告を踏まえて、1980 年代から学修成果に焦点をあててきた世界の教育改革のひとつの結論的な方向性として、学位・資格枠組み（Qualifications Framework）のあり方、日本的課題を検討し、日本の教育のグローバルな通用性を展望する。これらを踏まえて、第 13 章では、第三段階教育の複眼的な性格とそのガバナンスのあり方、日本のこれからの課題を展望しておくこととする。

第11章

往還する学習と卒業生調査による教育改善 PDCA

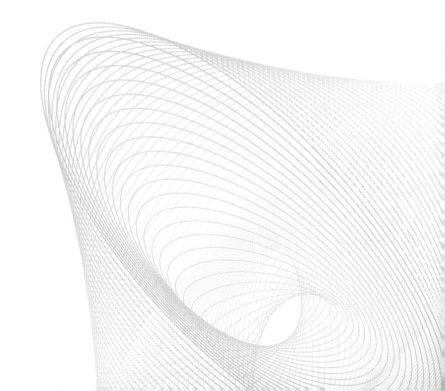

1．ステークホルダーでもある卒業生の眼を通した PDCA

　教育機関の説明責任が強く問われる時代が到来し、「教育の成果」を点検・評価することが多くの高等教育機関の中長期計画における具体的な取り組みの課題として明記されるようになってきた。しかし、高等教育研究の分野において、「何をもって教育の成果とするのか」「それがどのように把握できるのか」「その点検・評価を通してどのように教育改革・改善に結びつけていくことができるのか」。こうした問いに答えるための、理論や評価方法、その成果の蓄積はまだ十分ではない。

　大学教育改革に伴って一般化した代表的な教育評価ツールのひとつに『学生による授業評価』がある。しかし、そこでの授業に対する学生の評価が高いかどうかということと、その授業で学生が何かを学び、高い教育効果を受けとったかどうかということは基本的に別の問題である。特に、「教育の成果」を社会的な説明責任という枠組みで検討しようとすれば、自己点検・評価の常套手段の授業評価や、単位取得状況や試験・資格取得実績などだけでその「成果」が測れるものではない。

　むしろ教育の成果は卒業生のキャリアに体現されるはずである。すなわち、図 11-1 のように、学内での教育活動の点検・評価・改善という

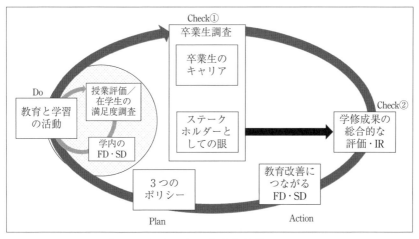

〔図 11-1〕卒業生調査教育改善の PDCA

内側のサイクル、卒業生を通した点検・評価・改善という外側の PDCA サイクルを動かしていくことが重要である。卒業生以外の関係者についても、さらにその外側にもうひとつのサイクルを描いて表現することもできるが、ここでは卒業生と卒業生以外の関係者がともにもっている「短大に利害や関心を持つ関係者＝ステークホルダー」として、学内の関係者以外を総合的にステークホルダーとして、学内の教育改善サイクルの外側に位置づけることの重要性を確認しておきたい。つまり、もうひとつの教育改善サイクルとして、卒業生を迎え入れている地域社会、企業、行政、政治を含めて、そういう全体的な視野から短大を鳥瞰することで新たな課題が見えてくるのである。

　第3部でも明らかになってきたように、教育の成果はいつ把握できるのか、中長期的な見方が必要だと言うことである。在学中ならば、評価は簡単だが、教育は長期のものである。卒業直後もある程度は判明するがそれだけでは十分ではない。

２．卒業生調査から始まる IR

　IR のコアとしての米欧の卒業生調査のモデルについて、Weerts & Vidal eds.（2005）が研究レビューを行っている。個別機関 IR としての卒業生調査研究が米国で早くから普及しているとはいえ、それらの知見は学術的な形で今日広く公表されていない。研究的には、「カレッジ・インパクト研究」などすでに一定の参照規準となる過去の調査研究のストックがあり、適切な参照をそれぞれに利用し、本来の個別機関のアイデンティティ探究ができるとみられている。

　これに対して欧州においては、卒業後の進路動向把握にかかる国家レベルでの政策的な観点からの把握が進んでいたが、個別機関での卒業生調査は米国と比較して十分に進んでいなかった。それが EU 統合を契機として、国際的な大規模で学術的な卒業生調査（CHEERS 調査：Schomburg & Teichler 2006、REFLEX 調査：Allen & van der Velden 2011）へと展開しており、それがその後の個別機関型 IR のための卒業生調査の参照規準となっているとみられる。

この欧州のアプローチについては、日本労働研究機構・吉本編（1994）などの政策科学的な卒業生調査の経験を経て、学術的な卒業生調査のスタンダードの確立という課題を抱えて日本からも著者らの研究グループが参加しており（成果は吉本 2001 や吉本編 2010 など）、本章で示す協働参画 IR 型の調査研究事業のスタートにおいても、それらの調査システムへの参画経験とそのモデルが重要な参照となっている。

2.1. 卒業生調査の欧州型と米国型

　学術研究としての卒業生調査は、欧米等ではそれぞれに固有の課題を持ちながらも一般的なものとして普及してきている（Weerts & Vidal eds., 2005）。米国型と欧州型のアプローチを対比してみると、米国型アプローチは教育機関のアピール方法として利用され、理論的にはカレッジ・インパクト研究と並行して展開している。ここでは個別機関の IR 課題に応じる卒業生調査が普及することになる。

　他方、欧州では、教育から職業への移行、域内の人材移動・交流を意識した労働市場でのパフォーマンスに注目した調査研究が多くあり、卒業後の進路把握が国家レベルでの政策的関心となっている。複数国が参加した CHEERS 調査は世界初の大規模卒業生調査である。その継承プロジェクトである REFLEX 調査では Storen L.A.& Arnesen C.A（2011）の「Winners と Losers」のように、ボローニャプロセスからのエンプロヤビリティの議論をうけて、職業キャリアに注目した分析が多くなされている（Allen &van der Velden eds., 2011）。長期的なライフスパンを扱うものは、人的資本論（Becker,1964）など教育経済学での「教育の収益率」によるアプローチ（Shultz,1963; Psacharopoulos,1973）があるが、これは個別機関の教育改善に言及するものではなくなっている。

　米国型アプローチが高等教育論的なアプローチとするならば、欧州型アプローチは労働経済・社会学的なアプローチとして対照的に位置づけることもできるだろう。

2.2. 2つの関連するアウトカム指標の非一貫性
2.2.1. 母校への満足度

　米国型母校満足度アプローチは、卒業後まで待つ必要がないという解釈も生まれる。中には卒業生調査と名づけられながらも、調査実態が卒業時、卒業直後の調査となっているものもある。大学教育の効用に焦点をあてた、在学生調査としては山田（2007）のカレッジ・インパクトや小方（2008）の学生のエンゲージメントに関する研究などがある。

　卒業後一定期間を経た満足度を把握した卒業生調査としては、4大学の「大学IRコンソーシアム」や個別大学の卒業生調査（大阪大学や関西学院大学など）がある。さらに、日本女子大学の卒業生調査（沖田他、2002）は70歳代までの卒業生をカバーしている。しかし、これらの調査は卒業後の職業キャリアがどのように影響しているかという因果モデルまでは主要な関心となっておらず、逆に卒業後の期間が長すぎれば、現在のカリキュラムの点検・評価に対する示唆が限られてくる。

2.2.2. 初期キャリアの成功

　そこで、卒業後10年までの範囲を初期キャリアとして捉えた卒業生調査が有効性をもつそのアプローチとしては、日本労働研究機構編（1994）が日本最初の大規模調査である。その後も吉本（2001）、吉本編（2009）において、人材育成課題に着目した日欧比較研究による大規模調査としてのCHEERS調査やREFLEX調査がある。欧州型アプローチを参照とした短大生のキャリア形成を対象とした安部（2007）、そして専門学校を対象とした小方（2009）などではこれらの国際比較研究をもとにしながらも、米国型と同様のIRとしての位置づけをもって展開されている。特定の国立大学の卒業生の職業キャリアを明らかにした研究には松繁編（2004）もある。高専の学習歴とキャリア形成との関係を実証的に解明した矢野（2017）などもある。

3. 共同開発web卒業生調査システムと協働IR

　共同参画型のweb卒業生調査システムは、そうしたベンチマーキン

グによる参照規準を提供する確かなエビデンスの共有という意味で、IR にとって極めて有力な方法となる。日本の現状として、学生・卒業生その他のステークホルダーを調査し、そうしたエビデンスをもとに点検・評価がなされているのかというと、今日に至るまで必ずしも実質的な調査という点で普及を見ていない。

　ここで提起しておきたいシステムは＜共同 IR ＞である。共通の調査システムを用いながら、各大学関係者が、各大学や専門分野の個性に応じた項目開発を行い、卒業生調査の実施を進めるものである。その結果は卒業生を通した学修成果の質保証へのエビデンスを構築し、調査規模を大きくしないで最低限の点検・評価のハードルを適切にクリアする仕組みである。重要なのは、その延長として、適切なベンチマークが可能であるため、＜協働 IR ＞として、相互評価を通しての教育改善へのハードルへの挑戦が容易になっているという点である。

　共同 IR 型調査研究においては、研究者グループが主体となって、単に卒業生調査を実施し分析するのみにとどまらず、むしろ、調査結果をもとにして参加機関関係者が相互に連携しつつ、教育改善につながる IR の研究、連携・協力の可能性の探究を目的とするものである。

　特に、大学の教育プログラムにおいては、学術性を強調するものや職業性を重視するものなど、各機関の歴史やミッションに応じて、また専門分野によって多様な焦点の置き方があるため、本調査研究においては、私立大学の人文・社会科学系分野を主対象として試行的なネットワークを編成することを目指すことが重要である。

４．Web 型の卒業生調査システムのもつ特徴

　調査のシステムは、専門分野以外の観点も含めて、回答者の専門分野や属性、状況に合わせて該当項目のみ回答できるよう数多くの枝分かれを設計したところに調査の特徴がある。たとえば、卒業生が各設問でのキャリアの分岐（進学か選択かなど）を選択していく都度に、web 上でのそれ以後の設問の内容や用意される選択肢、場合によってはその順序まで異なってディスプレイ上に表示されていく構造が望ましい。これま

での紙ベースの調査票であれば、これらは、あらかじめ膨大な枝分かれ
質問群を作成し、あるいは調査票そのものを学校や専門分野、キャリア
パターンごとにカスタマイズするなど、つまり調査票を分けて印刷する
などの方法で対応してきたものである。

　これに対して、web調査システムを用いることによって、それらが特
段の大幅な追加コストを生じることなく、回答者個々人の教育やキャリ
アの形成・選択の流れに沿いながら質問とそれにふさわしい選択肢が提
示される。また設問の順序を少し離れた箇所の回答によって変えるなど、
紙媒体では不可能な調整も実現可能となる。個人にインタラクティブに
対応する調査システムが本web調査システムである。

　調査に必要な項目としては、A）出身学部・学科と卒業生の属性、B）
在学時の学習・学生生活、C）卒業後の職業経歴、D）卒業後の学習経験、
E）大学などで獲得した能力の活用、G）これまでの生活や家族、H）こ
れまでの経験を総合的に振り返る評価項目などの全7項目群から構成で
きる。

5．学内での教育改善へのエビデンスとレファレンス

　大学教育の質保証は20世紀以降の教育政策にかかる課題として、学
修成果（learning outcomes）が世界的な潮流として注目されている。欧州
のチューニング・プロジェクトにおいては、学位だけでなく職業プロフ
ィールと組みあわせたカリキュラムの調整を行っている（深堀、2015）。
また、職業能力の形成という観点からも「エンプロヤビリティ」論（稲
永、2016）にも着目し、大学改革の方向性の一つとして示唆を与えてい
る。

　わが国においても、1991年に大学設置基準の大綱化以降、自己点検・
評価や認証評価機関による第三者評価の義務化など、教育の質保証が問
われるようになってきた。2008年の大学設置基準改正では「人材の養成
に関する目的その他の教育研究上の目的」（第2条の2、2011年改正に
よる第2条）を明らかにすること、すなわち大学活動の中心的な目標と
して学修成果が求められるようになった。2016年の「学校教育法施行規

則の一部改正」では、ディプロマ・ポリシー等の３ポリシーの一貫した運用が義務化され、人材養成目的等に対応させた学修成果（卒業時に修得すべき知識・技能等）、カリキュラム、学習方法を設定することが要請されている。

　これらの活動のためにIR（Institutional Research）システムの構築が課題となってきたのである。他方、2011年には中教審答申「今後の学校におけるキャリア教育・職業教育の在り方について（答申）」と併合して、大学設置基準等が改訂され、大学教育においてもキャリアへのガイダンス機能の充実が義務化されている。こうしたキャリアを視野に入れた大学教育の質保証が要請されているが、どのステークホルダーからの評価が適切なのか、標準化された方法論の確立にまでは至っていないのが実情である。

6．大学教育と初期キャリアの観点からのPDCAと共同IR

　あらためて、まとめておこう。日本の人材育成の特質として、就職後数年は訓練期間とみなされる傾向があるため、卒業直後数年までの観点で捉えた卒業生調査では、大卒者の多くは適切なキャリアを獲得していない。日本の大卒者は卒業時には「訓練可能性」を期待された採用が「非資格系」では特に顕著である。そのため「専門的熟練」を形成するまでOJTやジョブローテーションなどにより、一定期間、長期にわたる時間と経験が必要とされている。小池編（1991）は、日本の企業における大卒ホワイトカラーが「15年程度の初期キャリアの第一期」であり、大卒らしい仕事に就くまで賃金も低く抑えられている傾向があることを指摘している。

　そこで、卒業生調査においては、第10章で論じたような「30歳社会的成人説」（吉本2004）をふまえ、大卒にふさわしい仕事で一人前になり、指導の役割を果たすようになる30歳前後まで、つまり卒後10年くらいまでを初期キャリアとして取り扱うことを提案する。

　また、本章の冒頭で述べた米国型、欧州型の卒業生調査の２つのアプローチはそれぞれの分野で独自の展開を遂げており、両者の交流が無い

ことが問題となっている。卒後後10年までを視野に入れることで、大学教育の適切性と「充実した初期キャリア」の2つの側面を統合的に考えることができるであろう。

　こうした、日本的な大学教育とキャリア形成の固有の理論枠組みを持って、大学教育のあり方を点検・評価・改善していく、そうした観点からも、超長期の卒業生調査は有効とならない。

　教職員が、自らの手で卒業生調査を実施し、卒業生がどのようにキャリアを拓いていくのかをしっかり把握し、その把握こそが大学の自己を発見することで有り、Institutional Research が、機関としての自己を発見し、また自ら形成・発展していく過程として、それは機関のアイデンティティの研究でもある。IR を著者は Identy Research でもあると考えられる。それはそうした活動に参加する教職員の自己の役割・アイデンティティの自覚にもなるからである。

第12章

学術と職業のスパイラルを
担保する
国家学位資格枠組（NQF）

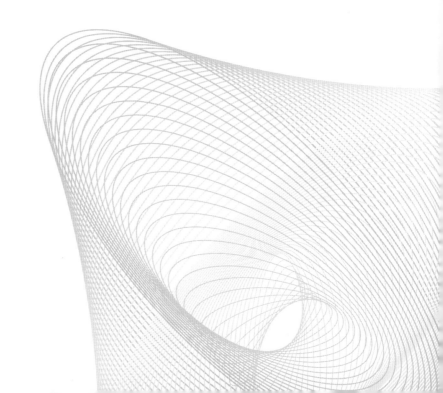

1．第三段階教育の多様性と職業教育確立への展開

　先進諸国の第三段階教育（tertiary education、高等教育 Higher Education とほとんど同義に使われている）は、マス化・ユニバーサル化など量的に拡大しつつ質的な変容・多様化を進展させている。いま多くの国では、職業教育の位置づけ方が重要な課題となっている。我が国でも、大学セクターの拡大と並行して、短期大学、高等専門学校、専門学校などの非大学セクター、国際標準教育分類（ISCED2013）でいえば短期第三段階教育段階が発達してきた。

　OECD の第三段階教育政策レビュー（森利枝訳『日本の大学改革』明石書店、2009 年）では、学校種や設置形態など第三段階教育機関の多様性という面が高く評価されている反面、この多様性が全体としての政策的舵取りがなく展開しており、労働市場での適切性を欠いた教育制度となっているのではという厳しい指摘もある。

　その後、職業への移行困難のひろがりに対して、中教審では高等教育段階における職業教育が議論され、2019 年度から専門職大学がスタートした。「新たな高等教育機関の教育では、企業等で求められる実践性を身に付けさせるため、特定の職業分野における専門性の陶冶と、専門性の枠に留まらないより広い基礎・教養の涵養とを、同時に実現する必要がある。また、技能の教育と学問の教育の双方を結びつけることにより、新たな職業教育のモデルを構築していくことも期待される。」（中教審 2016）と述べられているように、盛り沢山の要求がこの新たな高等教育機関には詰め込まれている。

　中教審が示す「新たな職業教育のモデル」はこれから構築が期待されるというのだが、それでは何が「古い職業教育のモデル」だったのだろうか。また、「新たな職業教育」を期待しなければならなかった日本の職業教育の問題、課題とは何だろうか。

2．職業の、職業による、職業のための教育

　その前に、まず、質の高い職業教育とは何か、ここで暫定的に定義しておきたい。「職業の」「職業による」「職業のための教育」を満たすこと

が、その必要かつ十分な条件である。これはデューイの著書である『民主主義と教育』や『経験と教育』中で、伝統的な学術的教育優位に対する職業教育の確立という思想がもとになっている。質の高い職業教育プログラムとは、「教育の目的（goals）」において「職業のための教育」が明確に位置づけられたものである。そして、「教育の方法論（methodology）」として、「職業による教育」、つまり企業等と連携した実習・実技の修得機会が豊富に用意され、それを現場の知識・技能を熟知する者が指導・教授している。さらに、「教育の統制（governance）」では、「職業の教育」として職業関係者によるガバナンスが十分に機能しているもの指す。すなわち、＜目的＞・＜方法＞・＜統制＞の３次元で、産業や職業の社会的ステークホルダーがより深く関与する「プログラム」が質の高い職業教育ということができる。

　日本でも、個別にはそうしたモデルに匹敵する教育プログラムはある。しかし、制度としては、特に第三段階教育においては、どのようなものが質の高い職業教育であるのか、これまで日本では学術的にも政策的にも十分に議論され、定義されてはこなかった。

3．諸外国における職業教育の焦点

　2015 年の UNESCO 総会では、「職業教育（正式には技術職業教育訓練 Technical and Vocational Education and Training）についての勧告」が 15 年ぶりに改訂されている（http://portal.unesco.org/en/ev.php-URL_ID=49355&URL_DO=DO_TOPIC&URL_SECTION=201.html）。ここでは、職業教育の範囲は「広範な職業分野、生産、サービス、生活に関わる教育、訓練、技能開発」とされ、その目的は「個人をエンパワーし、雇用とディーセントな仕事、生涯学習を推進すること」であり、以下「政策とガバナンス」「質とレリバンス」など、合計 7 章 60 条の勧告がなされている。このすべてを満たす国はもちろん存在しないが、いくつかの観点で注目される国の動向を見ておこう。

3.1. ドイツ職業教育の「政策とガバナンス」

　職業教育の一つの柱である「政策とガバナンス」において注目される国としては、「デュアル・システム」で定評のあるドイツである。手工業系から生産、サービス、事務にいたる331の職業（2013年現在の職業訓練法による認定）が対象となっている。連邦政府が当該職業のプロファイル（職務内容や必要なコンピテンス、労働環境・処遇、訓練する知識・技能など）を調査・規定し、商工会議所加盟企業等での訓練を組織し、他方で州政府所管の職業学校での座学中心の教育がなされる。企業では見習い訓練生であるとともに学校の学生であり、そうした運営や位置づけにおける二重性を特徴とする。

　これら一連の過程に職能団体も深く関わり、「広範な社会的ステークホルダーの対話」による協調主義（コーポラティズム）の運営がなされている。

　制度上は中等教育段階に限定的に位置づけられているが、今日では、社会人のキャリアアップのための継続職業教育訓練が課題となり、中等教育終了後の大学入学資格保有者も多く参入している。また介護や保育といった保健福祉領域などでは、第三段階教育レベルの学校型の職業教育訓練が広がっている。デュアル・システムとは異なり州ごとの運営であったりするものの、そうしたコーポラティズムの考え方がモデルなって、教育訓練をより標準化していこうとする動きが進んでいる。

3.2. 英連邦系諸国から世界に広がる
　　国家学位資格枠組による「質とレリバンス」

　ユネスコ職業教育勧告のもう一つの柱である「質とレリバンス」においては、国家学位資格枠組（National Qualifications Framework、以下NQFと略）が注目される。NQFは、この勧告の柱における各要素（「学習プロセス」「職業教育スタッフ」「学位資格システムと学習経路」「質と保証」「労働市場と職業世界へのレリバンス」「情報とガイダンス」）を結びつける重要なツールとなっている。2015年段階で150カ国以上、国連加盟国で4分の3以上がNQFの開発・導入・展開を進めている

(CEDEFOP, "Global inventory of regional and national qualifications frameworks - Volume I: Thematic Chapters", 2015)。NQF は、理想的には、国内すべての学位（称号と呼ばれるものを含む）や資格等を、複数段階のレベルという縦軸と学習における志向性の特色等による横軸によって区分されたマトリックスに位置づける制度である。イメージとしては、図 12-1 に示すように英国の新しい枠組み RQF では、11 段の本棚をレベルとするならばそこにさまざまな厚さの本である学習ボリュームが置かれているようなイメージである。

　この制度の源流には 1960 年代に遡るフランスの国家学位資格分類がある。普通教育と職業教育のプログラムを、その学習ボリュームやレベルに応じて分類し、それを職業の世界での資格レベルに対応づけたものである。今日的モデルは、1990 年代から英連邦諸国で NQF 導入がスタートし、2000 年代の地域参照枠組みとしての EQF（European Qualifications Framework; 欧州学位資格枠組）制定がその展開を加速し

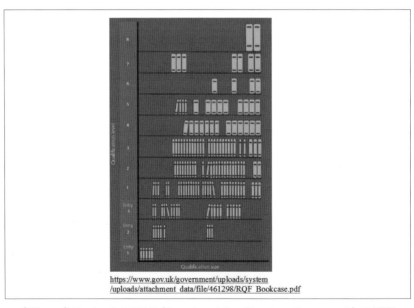

https://www.gov.uk/government/uploads/system/uploads/attachment_data/file/461298/RQF_Bookcase.pdf

〔図 12-1〕England の NQF（Regulated Qualifications Framework）の図説

た。先進 NQF として定着している代表格は、スコットランドの SCQF (Scottish Credit and Qualifications Framework) とオーストラリアの AQF (Australian Qualifications Framework; 豪州学位資格枠組) である。

　スコットランドの SCQF は、大学、継続教育カレッジ、中等学校がすでに提供している既存の学位・資格プログラムや職業資格を一枚の表に並べており、いわばタータンチェックの美しい枠組みとなっている。それは、職業教育セクターから大学セクターへの、またその逆の移行など「学習経路」の浸透性確立に大きな寄与をしている。

　他方の、オーストラリアの AQF は、産業分野ごとに必要な職業能力を科学的に分類し、能力養成方法を示した「訓練パッケージ」(training package) をもとに教育訓練プログラム開発を進めるものであり、車輪のハブとリムで区切られた 10 レベルのイメージ図で解説がなされている。

３.３. コンピテンシーと学修成果、教育と職業の接点としての NQF 記述語

　スコットランド (SCQF)、オーストラリア (AQF) 両国の学位・資格枠組みの違いは、前者が既存の教育プログラムをもとにスタートし、後者が産業の能力ニーズをもとにスタートしているという、ベクトルの違いとなっている。

　しかし、いずれも教育と職業をどのように繋ぐか、その媒介言語として、共通知識や技能などいろいろな表現で表される学修成果に焦点が当てられている。ここに、学術と職業との適切な対等性を考えるヒントがある。

　たとえば、ドイツの学位資格枠組である DQR (Deutscher Qualifikations rahmen) では、同じレベル 6 に「学士」と「マイスター資格」を位置づけている。表 12-1 に示すとおり、そのレベルで修得される「知識」の説明として「批判的理解力」と「今日的技術発達の知識」とを対等な位置関係にあるものとして認定し、そのことで両者を社会的な認定していく根拠とすることができるのである。むろん、一定の対等性の社会的な認識があるからこそこうした合意が導かれるのである。

　また NQF (国家学位資格枠組) は、各レベルの能力を説明するための指標 (descriptor) によって他国の NQF とのレベルの換算を行う仕組みで

〔表 12-1〕ドイツの DQR におけるレベル 6（学士レベル）の説明指標

Level 6			
包括的な技術作業及び技術問題の計画、処理、評価に関するコンピテンス、及び学術科目の各専攻内でのあるいは特定職業活動分野内での活動の自律的なプロセス管理のコンピテンスを修得している。その要件は、複雑さと頻繁な変更により特徴づけられる。			
専門職的コンピテンス		人格的コンピテンス	
知識	技能	社会的コンピテンス	自律性
基本的な学術原理や広範囲の統合された知識の修得している、学術学科の実践的な応用できる、また主要な理論や方法論への批判的理解力をもつ（ドイツ高等教育学位・資格枠組みのレベル 1：Bachelor level と対応）	＜専攻と将来的な専門分野の中で＞複雑な問題を処理するための特に広範囲の一連の方法論を修得（ドイツ高等教育学位・資格枠組みのレベル 1：Bachelor level と対応）	専門家チームで働く際の責任を想定できる	学習の目的を定義し、省察し、評価できる、また学習と仕事のプロセスや構造を自律的に、また持続可能な形態で構造化できる
あるいは今日的技術発達にかかる広範囲で統合された職業的知識の修得	あるいは＜特定の職業活動領域の中で＞上記と同様の方法論を修得している	あるいは集団や組織をリードする責任を示すことができる	
学術学科の将来の発展のための知識を修得している	頻繁な課題の変化に応じながら、特定の状況下で様々な基準を考慮しながら新たなソリューションを見出し、またそうしたソリューションを評価できる	他人に技術的な発展を指導し、またチーム内で問題を適切な方法でに扱っていける	
あるいは＜職業活動の領域で＞他の領域との交流するための適切な知識を習得している		複雑な専門的な問題についての議論や解決案を専門家に提示する k とができる、またそうした専門家と将来の発展のために協働できる	

ある。そこではブルームの分類学が多く利用され、「知識」と「技能」はどこの国でも共通に用いている。しかし、その他の次元として何が来るのか、国によって大きな違いがある。現在の文脈における知識・技術・態度の「応用」という個人の仕事の責任に限定されたものか、組織での働き方にかかる「態度」なのか、場合によっては「道徳」を求めるのか、アングロサクソン諸国、ドイツ語圏諸国、またアジア圏諸国で、労働組織と個人の仕事のあり方の違いが、この 3 番目の能力要素の示し方から

見えてくるのである。

３．４．韓国の国家職務能力標準 NCS にみる東アジアの挑戦

　日本、中国、韓国など東アジア諸国では、NQF（国家学位資格枠組）導入には多くの課題がある。日本も含めて後発近代化諸国では学歴主義が発達し、中国の科挙に代表されるような選抜の歴史がそれを強化している。職業における初期キャリアの段階での教育訓練においては、大卒学歴やそこにつながる普通教育が重視されている。このため初期職業訓練が適切な発展・社会的評価を得られず、就業後の継続職業能力開発が人材育成として多様に展開するものの、それはベッカーに人的資本論で指摘された企業特殊的であったり小規模だったりと、可視性・転用可能性に乏しいという結果をもたらしている。

　こうした現状への挑戦の一例として、韓国では 2002 年から「国家職務能力標準（National Competency Standards：NCS）」の開発が進められてきた。これは、24 大分類に分けられた産業分野ごとに、能力規定、学習モジュール開発、応用導入の 3 ステップで展開している。(1) 産業現場で業務を遂行するために要求される能力（知識・技術・態度）を多段階で規定、(2) その修得や評価のための学習モジュールを開発、(3) 教育訓練機関でそれを活用したプログラムを開発、という工程である。第一ステップの能力規定は、雇用労働部と韓国産業人力公団が担い、第二ステップで内閣府と教育部が関わり韓国職業教育訓練研究院などが学習モジュール開発を行っている。第三ステップの活用にあたっては、2016 年度から国営企業では採用においてこれを活用すること、特性化高校（日本の高等学校に相当）、専門大学（日本の専門学校に相当）、公共および民間職業訓練においては全面活用することを政策的に求めており、中小企業等の人事評価にも活用を促している。

４．日本における教育と職業の接続と職業教育

　各国の職業教育は、その労働市場の特徴、職業への移行の特徴によって性格づけられる。日本の労働市場は、古典的な人的資本論に忠実な「ジ

ョブ型」ではなく、内部労働市場の発達した「メンバーシップ型」として知られている（濱口桂一郎『新しい労働社会』岩波新書、2009 年など参照）。「メンバーシップ型」労働市場では採用後に企業内訓練をへて企業特殊的知識・技能を獲得するというモデルであり、採用までに特定の専門的な知識や技能を求めるというよりもむしろ社会人基礎力などの汎用的な能力が期待されている。他方で、学校教育と職業への移行においては、序列化した学校制度が学生の能力指標を示す格好の尺度を提供する。このため、学力相場と企業の格とを対応づけるような就職・採用が広がってきた。若者も保護者も教員も、また教育機関自身も、その尺度のもとで自らの地位を高めたり、教育プログラムを高度化したりすることに傾倒していった。

　さらに、未来論として第４次産業革命や超スマート社会（society5.0）など、グローバルな社会変動が見通され、多くの職業が消えかつ登場しようとしている。このような産業界の変化の中では、専門に特化した職業教育よりも、教養や幅広い学習をしていくべきだというメッセージもまことしやかに流布している。しかし、現実に職場で使われるものは専門的な職業能力であり、新しく生まれる産業界からのニーズもそれまでの専門的な職業能力をもとに転換されるのであり、専門的な職業能力がなければ何も始まらないだろう。長期的には、日本においても、新たな「ジョブ型」労働市場が展開し、職業教育が必要とされ、充実していくとみられる。

　新たな「ジョブ型」労働市場が広がっていけば、企業内で形成される職業能力を可視化し、人事評価、転職、採用に活用する課題が政策テーマとして再浮上してくる。厚生労働省の「職業能力開発体系」「技能検定」「職業能力評価基準」、内閣府の「キャリア段位制度」は、そうした課題を先取りするものである。また、その作成の経過は、韓国における国家職業能力基準（NCS）とほぼ同一歩調であった。しかし、各の職業の論理に忠実にレベルを作成していくと、就業者のもつ現実の教育歴や職業経験などとレベルが不整合で一貫しなくなる。実用的な展開のためには教育の世界と職業の世界の関係者の対話が不可欠であり、この点が

最大の困難のひとつになる。近年の韓国では、それを教育・訓練・人事管理の現場に適用させる強力な政策を推し進め、職業教育制度発展における大きな違いを生じている。

5. 日本の職業教育の質の認定・向上のための課題
5．1．質の高い学習のモード

　日本の第三段階教育における職業教育には、「質とレリバンス」という面で、まだ弱さが見られる。海外の職業教育の多くが、その「質」を高めるために学校外での一定期間の職業統合的な学習（WIL）を組み込んでおり、豪州では大学でもそういう職業教育の方法論を充実させている。また、多くの国で教育スタッフの教育資格について明確に規定しており、職業統合的学習で参画する現場スタッフの指導資格やそのための訓練も規定されている。日本でも、看護等の国家資格系の一部領域では、そうした質の高い職業教育への徹底が行われているが、それぞれの学校の設置基準以上の規定はなく、むしろ多くの分野で各機関任せの状態となっているという実情がある。また、「新たな高等教育機関」でも、すべての分野で一律に「○○時間の実習」とか「△割の実務家教員」などの外形的な基準でその質を理解すべき課題でもない。それぞれの分野で、産業や職業の関係者が把握している教育方法の適切性についての理解を踏まえたものとなっていく必要があろう。

5．2．教育訓練分野の吟味とプログラム単位でのガバナンス

　職業教育を取り巻く環境を検討する際、「政策とガバナンス」というより大きな問題にたどり着く。そもそも、日本の第三段階教育における教育と訓練の「プログラム」の専門分野とは何だろうか。これまで用いられている学校基本調査の分類は学校種別に異なるため、相互の関係は理解不能となっている。国内的な理解もさることながら、日本の教育制度における専門分野の国際通用性を高めていく政策的取り組みがきわめて重要である。

　この問題を解決する糸口として、国際教育標準分類（ISCED）の専門

分野との対応を検討し、第三段階教育機関横断的な国際的通用性をめざ
した「教育訓練分野分類」を試行的に開発する取り組みを行っている
(吉本圭一編『第三段階教育における職業教育のケーススタディ』、九州
大学「高等教育と学位・資格研究会」ワーキングペーパーシリーズ No.2、
2016 年)。「教育訓練分野分類」を共通分類によって検討することで、学
校種間での入学者動向の変化を解明するために有効な分析が可能とな
る。例えば、社会科学・ビジネス・法律分野では、1990 年代から短大・
専門学校から大学への入学者の代替傾向が進み、医療・保健分野では大
学も専門学校も補完的に規模拡大を進めていることなどが明らかになっ
た。

　また、多様な分野のケーススタディをさらに調査することで、外部ス
テークホルダーが関与する「ガバナンス」のあり方や課題も職業教育分
野によって大きく異なっていることも明らかになった。どの職業教育プ
ログラムもより高い質を目指すのは当然のアプローチであるが、それは
あるいは高度化、場合によっては長期化に向かう。

　これらの調査や分析結果から、教育プログラムの高度化と内外ステー
クホルダーの関与を仮説的に示したのが図 12-2 である。保健医療、教育・
社会福祉の分野では、教育訓練プログラムの高度化において、雇用主や、
専門職が教育プログラムの目的設定や教授学習方法により深く関与して
いくようになる。ただし、高度化したプログラムがそれまでの教育訓練
プログラムと同じ資格を提供したり、それ故に下級レベルのプログラム
への縮小圧力を生じたりもする。介護のキャリアパスの先進的な事例と
してオーストラリアの AQF を見てみると、体系的な訓練パッケージの
もとで、コミュニティ・ケアの職員から准看護師養成へ、さらには大学
における看護師養成へ標準的に編入学して上級資格を取得するという
「学習経路」が確立しており、参考とすべき課題も大きい。

　他方で、非国家資格領域においては、高度化は必ずしも外部ステーク
ホルダーの関与を深めてはいない。たとえば社会科学系のプログラムな
どは、高度化は、単に学術的教育要素への近接という結果に帰着するこ
とが多く見られる。こうした傾向を踏まえながら、質の高い職業教育の

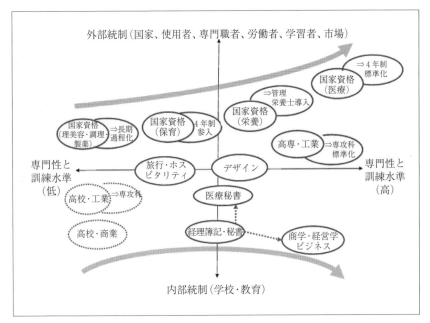

〔図 12-2〕プログラムの高度化と内外ステークホルダーの関与（仮説）
出所　吉本圭一編『第三段階教育における職業教育のケースス
タディ』九州大学、2016 年

ガバナンスを専門分野別に検討していくことが、特に日本の職業教育の
課題なのである。

５．３．国家学位資格枠組による職業教育のアウトカム明示と
３ポリシーの実質化

　日本の職業教育プログラムの最大の問題は、教育プログラムの質を認
定していく、そのことによって質を高める方策がないことである。NQF
は、学術型のプログラムと職業型プログラムを並行して位置づけ、相互
の移行ないし浸透可能性（permeability）を保証する社会制度である。そ
の導入の検討によって、職業教育の適切な社会的評価、学術的教育との
対等性の探究が始まる。

　しかし、現在日本においてこの議論はまだ無縁もしくは不要であると

考えている人も多いだろう。現在の高等教育政策をより確実なものにしていくためには、職業教育プログラムの質保証とNQFは両輪のしくみとして本来不可欠ではないかと考えている。学位プログラムを学修成果（learning outcomes）によって記述していくことや、＜ディプロマ＞・＜カリキュラム＞・＜アドミッション＞の3つのポリシーを一体で運用することなどが大学に要請されているが、こういうアプローチは、上述の枠組みのもとでこそ徹底される。大学でも専門分野ごとの学士プログラムの到達目標を調整していく「チューニング・プロジェクト」や、日本学術会議による「分野別参照基準」開発などがなされているが、まだ現場に適用されるような完成度とはなっていない。むしろ、国家学位・資格枠組みが形成されてはじめて、日本の大学教育の質も確実に国際的に保証・認定できることになると考えられる。

　また、日本ではそれはもうできていると考える人も多いようである。しかし、前述のRQFの本棚イメージでの上の棚にも下の棚にも置いてよさそうな本があることをどう考えているのだろうか。看護師や臨床検査技師など医療系国家資格教育プログラムは、4年制の学士プログラム（ISCED6）、3年制の短期大学士プログラムや専門士プログラム（ISCED5）など同じ資格が複数のレベル段階で養成されている。養成される看護師の知識・技能などのレベルは同じなのだろうか違うのだろうか。調理師養成課程は、専修学校の1年制、2年制の専門課程や、高等課程で展開されているが、日本の調理師養成課程は国際的にどのようなレベルの学位・資格プログラムと認められるのだろうか。

　また、学術型教育を基本とする大学セクターはこれまで「インプット」や「プロセス」の基準をクリアーすれば質が保証されていると考えてきた。しかし、「エンプロヤビリティ」への要請など、実際に「アウトカム」としての「学修成果（learning outcomes）」を大学が明確に定義して検証すること、そしてそれが労働市場や職業の世界でのレリバンスを持つものかどうかが問われている。800校近くある多様な大学がどこまで多様な、あるいは最低限共通の学修成果をどう追究させていくのか、政策サイドの適切なガバナンスも求められる。

他方で、職業教育のセクターは、職業のために必要な知識・技能・態度等を形成することが求められているという点で、これまでは「アウトカム」による市場淘汰のメカニズムが働いてきた。NQF を導入し、むしろ、職業で求められているコンピテンシーと学修成果との明確な対応関係を示し、職業教育の質の認定を受けていくことが求められてくるだろう。

　NQF は、学習者の学修成果、職業人のコンピテンシーを基軸にしながら、同じレベルの学術型や職業型の教育訓練プログラムを認定していくものであり、その過程で、産業・職業関係ステークホルダーと教育供給側との対話、多省庁間の対話が不可欠となる。ここに、「新たな職業教育のモデル」が生まれるのではないだろうか。

第13章

第三段階教育の未来形

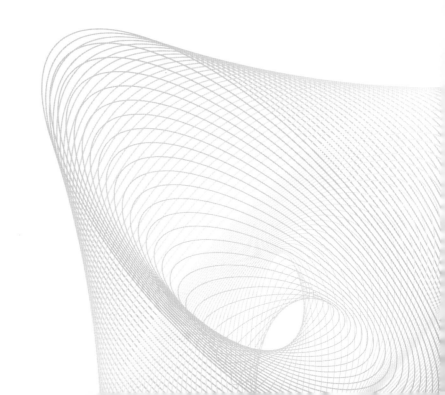

1．キャリアを拓く学びからキャリアを認定し応援する教育の仕組みへ

　本書は、若者がなぜ学ぶのかという問いからはじめた。学ぶことと働くことの結びつきの対応原理として日本的な現実と課題を踏まえて、若者の学びを変えキャリアを拓く教育のモデルとして、多次元の学修成果の目標設定に着目し、その形成のため第5章で学術と職業との往還の学び職業総合的学習（WIL）を示した。また、いくつかの効用の検証も進め、それらを持続的・循環的に進めていくための教育の現場のアプローチ、制度のアプローチを論じた。

　以下本章では、学術と職業との関わりを第三段階教育のシステムとして構想し、またその探究の方向を記しておきたい。

2．第三段階教育の複眼的モデル

　中等教育は、先行する大学への接続と小学校教育からの進展という歴史を辿り、分化と統合の固有の課題を持って展開してきた。いま中等教育以後の教育においては、分化・統合と多方向からの浸透が課題となっている。大学セクターと非大学セクター、学術領域と職業教育領域、ジェネラリスト養成と専門職・スペシャリスト養成などがあり、グローバル社会の進展、リカレント型キャリアへの課題、これらに対して、それぞれの固有性・アイデンティティを保ちつつ、相互にどのような「浸透性（permeability）」を提供していくのかが課題となっている。より直接的な教育学的課題としては、学修成果指標と職業コンピテンシーの相互参照モデルの探究となるであろう。

　本書がこれまでの議論から示唆するのは、複眼的なアプローチをもつ体系的な第三段階教育システムである。

　OECDの第三段階教育政策レビュー（OECD・森利枝訳、米澤解説(2009)『日本の大学改革』）では、制御されない多様性システムという日本への批判があるが、そうした批判に中教審（2018）『2040年に向けた高等教育のグランドデザイン』は適切に応えているのか、本書は、そうした問いをここに残しておきたい。

　そこで、図13-1のように、第三段階教育の複眼性にかかる仮説をマ

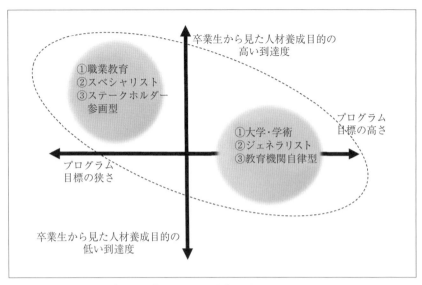

〔図13-1〕第三段階教育の複眼的モデル

ッピングを提示したい。大学セクターの学術領域、ジェネラリスト養成
領域、機関自律性重視の諸国では、プログラムの目標は広範囲の拡張可
能性を想定して設定される。これに対して、職業教育セクターや、医学
等の専門職やスペシャリスト養成領域、外部ステークホルダーの参画重
視の諸国では、目標はより限定的に設定される。

　限定的目標に対応するプログラムは、当該目標への到達を明確に把握
できる。他方、広範囲のプログラム目標は容易に到達可能ともみられる
が、現実には卒業生が当該の目的範囲外で職業をスタートする場合も多
い。専門学校でも広範囲の目標設定にもかかわらず関連分野就職が低い
分野があり、大学では非関連分野就職の過半数の領域もある。卒業生・
在学生、対応する産業・職業・地域関係者による、専門分野別の実態把
握、比較が重要である。

3．第三段階教育のアイデンティティの探究と調整のメカニズム
　こうした実態把握の延長上に、第11章で提起したアイデンティティ

の探究としての IR 活動による教育の質向上がある。

　第三段階教育の企画・運営・点検・改善の過程における機関・教員の自律性と、産業・職業・地域関係者の参画・関与の実態、それらの今後の展開可能性の探究である。教育のガバナンスとして、特に職業教育統合的学習における内外ステークホルダーの連携と関与、職業のコンピテンシーを直接伝えうる専門家の位置（現場実習指導スタッフと実務教員など、本書で論じきれなかった課題は多い。

　学生・卒業生がいかに学術と職業の往還を通して学ぶのか、またそうした往還を支える学校のあり方、ガバナンスも課題となる。

　この点で、クラーク（1983）の高等教育の調整モデルの「市場」性はもう少し議論を深めていく必要があると思われる。特に日本では、教育の入口市場により教育現場の関心が向かい、出口市場からの要請は多く外圧と捉えられかねない。「現場」における雇用・指導側と被雇用側、産業界等の経営と現場上司などベクトルの異なるステークホルダーの関係構造も明らかにする必要があるであろう。外部ステークホルダーの構造と内部の実務家教員等の教員構想を解明し、両者の関係性を検討することも大切な課題となるだろう。

４．第三段階教育のコアはどこにあるのか

　第三段階教育の全セクターで、特に学士レベル以下の課程に注目してみると、比較参照のため中等教育や修士課程以上にも言及できるシステム論が必要である。第３章で述べたように、学校セクター間、大学間の格差の大きい日本の第三段階教育においては、果たして、標準的な質の認定・向上のシステムが可能なのか、政策的なアプローチが、エリート教育や研究中心大学ではなく、むしろ中堅・中核レベルの専門人材養成を中心になされるべきではないだろうか。

　第三段階教育のボリュームゾーンを軸に、特に日本の第三段階教育においては、日本固有の専門分野の発達がみられるため、これらをどのように国際的な教育訓練分野分類と対話可能なモデルとしての日本システムを構築するのかという観点も重要であろう。

　第4章で検討したように、それぞれの分野ごとに図4-1のような学修成果を国内外に、また他の学校段階に示し、学習者の目標理解を容易にしていく試みが必要となっていくであろう。第12章で論じたNQFアプローチであり、学修成果説明指標開発の国際展開（CEDEFOP（2009）'Shift to Learning Outcomes'）を踏また政策研究に期待をしたい。現段階での仮説は、第4章で論じたように、各段階の学校教育目標を通底する次元として「知識」「技能」「態度」および「応用」の4次元で把握することを提案する。本書で議論できなかったが、厚生労働省の職業能力評価基準やキャリア段位等の職業コンピテンシーへの取組との関係についても考慮することが今後の課題となるであろう。

　特に、現場の文脈に修得した知識・技能を「応用」する能力は、教育プログラム修了時に、その職業で期待される水準への到達は本来期待されず、ここにコンピテンシー・ギャップを設定しておくことが適切であろう。このギャップを埋めるのが「学術と職業との往還の学び」であり、OJTなどの職場訓練、在学中のインターンシップ、新たな専門職大学等における臨地実務実習や連携実務実習等に注目していきたいところである。

　教育プログラムと職場訓練段階までを一体的に把握することで、学修成果と職業コンピテンシーの対応関係が可視化できる。若者が一人前になるまでの職場訓練期間については吉本編（2005）『高等教育と人材育成の日英比較』などさまざまな知見があり、初期キャリア10年内の範囲で、一人前の職業人となる到達ポイントを社会的に探っていくことも大切である。

　本書は、あくまでも日本の若者の学び方働き方と、その支援のための教育環境のあり方を論じており、時々に海外の制度や調査データを比較参照してきた。その意味で、比較の観点からの日本の制度のあり方を考えていくことは本書で論じられなかった。今後の課題としておきたい。

　教育機関自律型の日本システムの家産官僚制的特質のもとでどのような公的モデル探索するのか、キャリアを公共財としてその認定と向上への仕組みを作りあげていくための、第三段階教育のグランドデザインが、いま求められている。

あとがき

　本書は、教育社会学のアプローチからキャリア教育を考察する手引き
の書として構想した。

　この構想は、2011年の中教審答申『学校におけるキャリア教育・職
業教育のあり方について』に遡る。審議会委員の一人としてこのキャリ
ア教育と職業教育の議論に2年間比較的集中的に参加しながら、両者を
総合的に議論することができなかったという思いが残っていた。諮問に
対して答申するという審議会の性格からしてやむを得ないところもある
が、この答申の2つの教育的アプローチの関係こそが重要だと考えてい
る著者にとって、その関係への言及の中途半端さは、時に、答申の考え
方を広く解説しようとして躊躇を感じさせるものでもあった。

　一方のキャリア教育については、「基礎的汎用的能力」のあり方への
諮問が先にあり、その背景として21世紀に入るころから移行困難層へ
の対応として省庁横断的に「キャリア教育」が提唱され、文部科学省で
は進路指導の見直しとしての「望ましい勤労観・職業観」に関して、各県・
市町村教育委員会と中学校・高校等で研究指定がなされていた。つまり、
「基礎的汎用的能力」への回答として、「望ましい勤労観・職業観」がそ
のたたき台となるべく、あらかじめ用意されていた。

　キャリア教育は、就業困難層の問題や、職業観・勤労観の問題から歩
を進め、今次の学習指導要領の前文には、キャリア教育の考え方が前面
に出され、教育活動全体にかかるひとつの理念になってきた。いま、ア
クティブ・ラーニングと称して、第三段階教育にいたってなお学校内に
若者を囲い込む動きが進む中で、如何にそれらの教育を万人のさまざま
なキャリアの途上で有効なものにしていくのか、是非問いたいと考えて
本書をまとめた。

　他方の職業教育にかかる諮問の焦点は、専門学校の一条校化ないし、
それに代わるべき高等教育の制度枠組みである。結局のところ、それは、
大学や専門学校を含む第三段階教育のモデルを探究するというよりも、
教育セクター間の葛藤の政治的な落としどころを探るものであった。

2020（令和2）年の今日、専門学校においては職業実践専門課程が、高等教育としては専門職大学等が制度化され、この答申からの制度改革に一区切りがついたと考えても良いだろう。本書の範囲を超えるが、今日の制度展開をみる時、この答申からの制度改革の流れについての政策科学的な総括、これからの制度設計への再考も必要と思われる。

ともあれ、著者は、この「キャリア教育」と「職業教育」のそれぞれの政策開発過程にある程度参画してきただけに、この両者の総合的な議論が、こうした審議会スタイルでは不可能であると理解しつつも、答申に対しては、どこかでその議論をまとめていかなければという想いを強くもっていた。

教育の現場では、その少し前から「持続する改革」が連綿とつづいている。先の答申も大きな軌道敷設になっているが、その後にも多くの展開があり、研究者としても大学人としても、先の問いは一旦横において、個々の仕事に日々対応してきた。その対応として学術的な共同研究や国の委託事業を引き受けてきた成果として、本書の第4部で論じたアプローチ、政策科学として教育社会学が取り組む未来の方向性が見えてきたようにも思うが、もちろん未完成どころか、その土台のグランド・デザインの手前である。

本書の構想は、直接には2009年から2011年の中教審の議論を契機としたものであるが、その直後の3月11日の東日本大震災も、日本の教育と社会のことを考えさせられる深刻な出来事だった。日本の戦後システムが、地方の犠牲のもとで、東京都市圏に人もモノもカネも一方向的に集めてきたことを明らかにした。また、その収拾も東京中心の発想で進んでいるように思う。地方創生のインターンシップ推進事業も少し関わりを持ったが、それもあるいは大都市私学の就職先開拓の手段、救済策が前面にでてきかねないようにみえた。

地方の地域が、実践の現場が、また個人個人が、中央で示したモデルをそれはそれとして確認しながら、なおかつ自律的・自立的に生きていくことはできないのかだろうか、そういう思いを強くしている。その後展開される「持続する改革」を促す教育政策に、いまの大学の現場には

疲労感と無力感、虚無感すらも生まれる。いっそ、「上に政策あり、下に対策あり」という中国のことわざほどに、ある意味したたかに対応することはできないのだろうか。少しばかりの補助金配分行政による教育の統制が、この先どこまで貫徹されるのだろうか。それは、どこまで実質的に、豊かなキャリアを拓くための教育の充実へとつながっていくのだろうか、こういう疑問が次々と沸いてくる。

　今の若い人たちに、集団就職のような国家的事業の成功と代償を露わにした、戦後日本システムを伝えるのは容易ではないように思う。しかし今なお、教育と社会の底流にこの戦後システムは生き続けている。本書第１部で、キャリアを拓く教育の目的・目標を論じる際に、日本的システムの現実として、「若年選好の労働市場」とメンバーシップ型雇用を描いた。かつて「若者に親和的な（youth friendly）」労働市場という海外研究者からの分析を聞いて、その時うかつにも美しい響きを聴きとったが、よく考えてみると若者がその生産性に見合うほど報いられていないことも暗示されている。「序列的教育制度」を存在しないかのごとく自明視し、「競争的環境の中で輝く」というエビデンスのない過去の資源配分原則を再構築している教育政策の現状を見ながら、東アジアの家産官僚制的な戦後システムを、どこかできちんと論じたいと思っている。これもまた、本書で書ききれなかったことであり、残された課題というべきなのかと思う。

　第２部では、学術と職業の往還の方法として、ドイツのデュアル・システムから日本のインターンシップ、アルバイト、資格取得の実習など、本書でさまざまな質の活動や経験をとりあげたが、それらをもう少し推論していくと、「修業」と「遍歴」という概念にたどりつく。

　そして、第３部において教育専門分野と関連する就業体験の実証的検討を進めた。学校在学中を視野に入れるだけでなく、卒業後の初期キャリアまで含めることで、教育と社会との一定の法則性を持つ関係が理解でき、そこに「教育の遅効性」と「30歳社会的成人」という仮説を用意することができる。これが本書の探究の到達点である。若者と働く人たちが学びと仕事を往還しながらキャリアを形成する、そういう社会と教

育のあり方を構想しようとしている。

　最後に、個人的なことを少し述べさせていただきたい。著者は、かつて、東京に出てみたいという夢以外に、大学で何を学ぶのかさして考えもせず、入学手続書類を埋める時まで第2外国語を学ぶ必要があることすらも知らない田舎の高校生だった。中央と周縁との関係を考え出したのは大学入学して社会学の「マージナル・マン」の理論に出会ってからである。父の異動にともない転居・転校を繰り返してきた自分の姿をそこに重ねていたように思う。大学は、自身への異議申し立ての時代であり、学術と職業との関係への拘りもまたこの頃から芽生え、初職で職業と労働を研究し、放送大学や九州大学で社会人学生・大学院生の指導をしていくうちに、その問いの大きさは確信へと変わっていった。

　縁あって九州大学に赴任し24年間勤務した。東京中心の枠組みが少し離れて見えるよい位置にいたはずなのだが、仕事では東京往復に時間を費やした。九州に居ながら、実は、じっくりと自立的にモノを考えることが十分できていなかったかもしれない。大学生は自立して学ぶようにと、放任主義の教育指導をしてきたといえば聞こえは良いが、卒業生たちには、十分な指導ができていなかったかもしれないと、いま反省もある。

　本書のもとになった論文やアイデアは、多くの先生方からの薫陶や共同研究の中から生まれたものである。大学院時代からお世話になってきた天野郁夫先生（東京大学名誉教授）には、ずっといろいろな共同研究の機会をいただき、学位取得や著書刊行など叱咤激励をいただき続けてきた。学部の非常勤講師で明快・痛快な実証の教育社会学を講義いただいてた。潮木守一先生（名古屋大学名誉教授）には、そのお人柄もあるのかと思うが、どこか同僚のように議論をさせていただくことができた。大学院時代からさまざまの政策科学的研究にお誘いいただいた市川昭午先生（国立教育政策研究所名誉所員）からは、左右の両翼をカバーできる強靭な学術を見せていただいた。そして、1990年から30年にわたって高等教育の共同研究をし、指導もいただいたドイツ・カッセル大学のUlrich Tichler教授はじめ、感謝すべき研究仲間は多い。最初に仕事を始

めた雇用職業総合研究所、後の日本労働研究機構では職業人としての多くの薫陶を受け、またお役所文書の書き方指導を受け、また、さまざまな同僚や職業安定行政の現場の方々と知り合うことができた。若年早期離職の問題について、適職でなければ辛抱などせずすぐ離職した方が良いのだと、当方の行政的建前でのインタビューを諭してくれた職安の所長の一言にも、改めて感謝したいと思う。九州大学に着任してからは、幸なことにと言うべきかと思うが、多くの大規模な共同研究を組織して仕事を進める役割となり、学内外の多くの研究者、実践家、政策関係者と交流をしながら、また学生たち巻き込んで、教育と研究を進めてきた。いろいろな関わり方をもったが、その多くの方々に感謝申し上げたい。

　そして本書は、科学情報出版の松塚晃佑さんにキャリア教育をめぐる書物をとのお声をかけていただいてから、だいぶ時間をかけててしまったけれども、最終的に三戸部裕司さんが編集担当をいただき、令和の年に刊行することができた。とりわけ、長い間、著者が筆をおきかける度に激励し、多くのヒントと丁寧な編集のお手伝いを頂いた江藤智佐子氏（久留米大学教授）なしにこの書は完成しなかった。あらためて感謝申し上げたい。

　最後になるが、長い間本書の刊行を楽しみに待ってくれた家族に、九州大学定年退職直前になってしまったが、やっとその約束を果たすことができ、ほっとしている。妻の静江には、どちらが生活拠点なのか分からないような東京出張ばかりの著者の遍歴生活を支え、ひとりで家を守ってもらうことも多かった。本書を手渡し、その笑顔を見ることができれば本望である。

　高校時代から数えて50年の修業と遍歴の旅の末に、同じ問いにたどり着き、その答えをいま少しだけ出すことができたのかと思う。

令和2年正月2日　銀杏城の東にて
吉本　圭一

参 考 文 献

安部恵美子編（2007）『短期大学卒業者のキャリア形成に関するファース
ト・ステージ論的研究』（平成 16 ～ 18 年度文部科学省科学研究費
補助金（基盤研究 B）研究成果最終報告書）

Jim Allen and Rolf van der Velden eds. (2011) "The Flexible Professional in the
Knowledge Society - New Challenges for Higher Education", Springer

荒川葉（2009）『「夢追い」型進路形成の功罪―高校改革の社会学』東信堂

Gary S. Becker (1964) "Human Capital; A Theoretical and Empirical Analysis,
with Special Reference to Education" Columbia University Press, 佐野
陽子訳（1976）『人的資本』東洋経済新報社

Howard Bowen (1977) "Investment in Learning", Jossey-Bass

John Brennan, Maurice Kogan, and Ulrich Teichler eds. (1996) "Higher
Education and Work", Jessica Kingsley Publishers

CEDEFOP (2009) 'The Shift to Learning Outcomes' (https://www.cedefop.
europa.eu/files/4079_en.pdf, 2020 年 1 月 2 日検索）

CEDEFOP (2015) "Global inventory of regional and national qualifications
frameworks - Volume I: Thematic Chapters", (https://www.cedefop.
europa.eu/en/publications-and-resources/publications/2213, 2020 年 1
月 2 日検索）

Burton R. Clark (1983) "The Higher Education System – Academic
Organization in Cross-National Perspective", University of California
Press, 有本章訳（1994）『高等教育システム―大学組織の比較社会
学―』東信堂

中央教育審議会（1999）『初等中等教育と高等教育との接続の改善につい
て（答申）』

中央教育審議会（2008）『学士課程教育の構築に向けて（答申）』

中央教育審議会（2011）『今後の学校におけるキャリア教育・職業教育の
在り方について（答申）』

中央教育審議会（2012）『新たな未来を築くための大学教育の質的転換に

　　向けて〜生涯学び続け、主体的に考える力を育成する大学へ（答
　　申）』

中央教育審議会 (2016)『個人の能力と可能性を開花させ、全員参加によ
　　る課題解決社会を実現するための教育の多様化と質保証の在り方
　　について（答申）』

中央教育審議会 (2018)『2040 年に向けた高等教育のグランドデザイン
　　（答申）』

大学改革支援・学位授与機構 (2019)『高等教育に関する質保証関係用語
　　集第 4 版』(http://www.niad.ac.jp/n_kokusai/publish/no17_glossary_4
　　th_edition.pdf、2020 年 1 月 2 日検索)

John Dewey (1916)、松野安男訳 (1975)『民主主義と教育（上・下）』岩波
　　書店（原著 https://www.gutenberg.org/files/852/852-h/852-h.htm、
　　2020 年 1 月 2 日検索)

John Dewey (1938)、市村尚久訳 (2004)『経験と教育』講談社学術文庫

ロナルド・ドーア (2005)『働くということ』中公新書

深堀聰子 (2015)「アウトカム重視の教育改革—その背景と概念の整理
　　—」、深堀聰子編『アウトカムに基づく大学教育の質保証—チュ
　　ーニングとアセスメントに見る世界の動向—』東信堂、3-32 頁

Carl B. Frey and Michael A. Osborne, (2013) 'The Future of Employment –
　　Susceptible are Jobs to Computerisation?', (https://www.oxfordmartin.
　　ox.ac.uk/downloads/academic/The_Future_of_Employment.pdf、2020
　　年 1 月 2 日検索)

藤田晃之 (2014)『キャリア教育基礎論—正しい理解と実践のために—』
　　実業之日本社

藤田幸一郎 (1994)『手工業の名誉と遍歴職人—近代ドイツの職人世界
　　—』未来社

ウォルター・ゲオルグ (1997)「ドイツ中小企業における資格付けの趨
　　勢」、日本労働研究機構編『日独における職業能力開発のしくみ』
　　129-161 頁

A.H. Halsey, Hugh Lauder, Phillip Brown A.S. Wells eds. (1997)" Education:

culture, economy and society"、住田正樹・秋永雄一・吉本圭一編訳（2005）『教育社会学』九州大学出版会

濱口桂一郎（2009）『新しい労働社会—雇用システムの再構築へ』岩波新書

春木進（1982）「高校格差」熊本開発研究センター編『熊本の高校教育—現状と問題—』熊本開発研究センター

John L Holland (1997) "Making Vocational Choices: A Theory of Vocational Personalities and Work Environments", Psychological Assessment Resources Inc、渡辺三枝子・松本純平・道谷里英 共訳（2013）『ホランドの職業選択の理論—パーソナリティと働く環境—』雇用問題研究会

本田由紀（2009）『教育の職業的意義』ちくま新書

Herbert H. Hymann, Charles R. Wright and John Shelton Reed (1975), "Enduring Effects of Education", The University of Chicago Press

Jim Hillage, and Emma Pollard (1998) 'Employability: Developing a Framework for Policy Analysis. Department for Education and Employment', (https://www.researchgate.net/publication/225083565_Employability_Developing_a_framework_for_policy_analysis_London_DfEE、2020 年 1 月 2 日検索)

稲永由紀（2010）「欧州高等教育における Employability 論の位相—流動性、量的拡大、学位の二段階モデル—」、吉本編（2010）1-7 頁

稲永由紀（2016）「専門学校における人材養成目標の広さ／狭さと教育プログラム：「関連分野」就職認識にみる業種・職種の幅を手がかりとして」、吉本編（2016）19-31 頁

Gilbert Jessup (1991) "Outcomes: NVQs And The Emerging Model Of Education And Training", Routledge

Gill Jones and Clara Wallace (1992), "Youth、Family、and Citizenship"、Open University Press、宮本みち子監訳、(1996)『若者はなぜ大人になれないのか：家族・国家・シティズンシップ』新評論

門脇厚司（1999）『子どもの社会力』岩波新書

苅谷剛彦（1991）『学校・職業・選抜の社会学―高卒就職の日本的メカニズム』東京大学出版会

苅谷剛彦（2001）『階層化日本と教育危機―不平等再生産から意欲格差社会』有信堂高文社

北村和夫（1984）「近代社会的価値観と偏差値」『教育社会学研究』第39集、日本教育社会学会、187-199頁

Malcom Knowles (1980) "The Modern Practice of Adult Education: From Pedagogy to Andragogy", 堀薫夫、三輪健二監訳（2008）『成人教育の現代的実践－ペダゴジーからアンドラゴジーへ』鳳書房

小池和男編（1991）『大卒ホワイトカラーの人材開発』東洋経済新報社

小池和男、猪木武徳編（2002）『大卒ホワイトカラーの人材形成―日米英独の比較』東洋経済新報社

児美川孝一郎（2013）『キャリア教育のウソ』ちくまプリマ―新書

国立教育政策研究所（2002）『児童生徒の職業観・勤労観を育む教育の推進について』

国立教育政策研究所（2007）『職場体験・インターンシップに関する調査研究　報告書』

国立教育政策研究所（2008）『キャリア教育体験活動事例集―家庭や地域との連携・協力―（第1分冊・第2分冊）』

Jean Lave and Etienne Wenger (1991), 佐伯胖訳（1993）『状況に埋め込まれた学習―正統的周辺参加―』産業図書

松繁寿和編（2004）『大学教育効果の実証分析―ある国立大学卒業生たちのその後―』日本評論社

Robert K. Merton (1957) "Social Theory and Social Structure", 森東吾、森好夫、金沢実、中島竜太郎訳（1961）『社会理論と社会構造』みすず書房

文部省（1992）『中学校・高等学校進路指導資料』

文部省、労働省、通商産業省（1997）『インターンシップの推進に当たっての基本的考え方』

文部科学省（2004）『キャリア教育の推進に関する総合的調査研究協力者

会議報告書』

文部科学省 (2011)『中学校キャリア教育の手引き』教育出版

文部科学省 (2012)『高等学校キャリア教育の手引き』教育出版

文部科学省 (2013)『体系的なキャリア教育・職業教育の推進に向けたインターンシップの更なる充実に関する調査研究協力者会議　インターンシップの普及及び質的充実のための推進方策について―意見取りまとめ―』

文部科学省 (2017)『インターンシップ推進等に関する調査研究協力者会議　インターンシップの更なる充実に向けての議論の取りまとめ』

中島ゆり (2019)『国勢調査より「平成で新たに誕生した職業」＿前編・後編』(https://chikouken.jp/report/8795/、https://chikouken.jp/report/9065/ならびに https://chikouken.jp/report/8795/、2020 年 1 月 2 日検索)

南原繁 (1969)『歴史をつくるもの』東京大学出版会

日本経営者団体連盟 (1995)『新時代の日本的経営』

日本経済団体連合会 (2017)『「採用選考に関する指針」の手引き』

日本労働研究機構、吉本圭一・小杉礼子・米澤彰純 (1994)『大学就職指導と大卒者の初期キャリア (その 2) ― 35 大学卒業者の就職と離転職』(計 208 頁) 調査研究報告書 No.56、日本労働研究機構

日本労働研究機構 (2003)『高等教育と職業に関する日蘭比較』、調査研究報告書 No.162

野村総合研究所 (2015)『日本の労働人口の 49％が人工知能やロボット等で代替可能に～ 601 種の職業ごとに、コンピュータ技術による代替確率を試算～』(https://www.nri.com/-/media/Corporate/jp/Files/PDF/news/newsrelease/cc/2015/151202_1.pdf、2020 年 1 月 2 日検索)

OECD 教育調査団、深代惇郎訳 (1976)『日本の教育政策』朝日選書

OECD (2000)　"From Initial Education to Working Life ? - Making Transitions Work -"

OECD 編著 (2009)、森利枝訳『日本の大学改革― OECD 高等教育政策レビュー：日本―』明石書店

小方直幸 (2008)「学生のエンゲージメントと大学教育のアウトカム」日本高等教育学会『高等教育研究』第 11 集、45-64 頁

小方直幸 (2009)「専門学校教育に対する卒業生の評価」小方直幸編『専門学校教育と卒業生のキャリア』広島大学高等教育研究センター『広島大学高等教育叢書』103、49-58 頁

沖田富美子、佐々井啓、真橋美智子、塚原典子 (2002)「日本女子大学の卒業生たち調査―第 1 報家政学部卒業生の場合―」日本女子大学『日本女子大学紀要家政学部』第 49 号、1-12 頁

Edward. G Olsen 編 (1937)、宗像誠也編訳 (1950)『学校と地域社会』、小学館

尾高邦雄 (1941)『職業社会学』岩波書店

OXFAM (2019) 'Public good or private wealth?', policy papers, published on 21 January 2019, (https://oxfamilibrary.openrepository.com/bitstream/handle/10546/620599/bp-public-good-or-private-wealth-210119-en.pdf, 2020 年 1 月 2 日検索)

Carol-joy Patrick, Deborah Peach, Catherine Pocdknee, Fleur Webb Marty Fletcher and Gabriella Pretto (2009), "The WIL [Work Integrated Learning] Report: A national scoping study", Queensland University of Technology

George Psacharopoulos (1973) "Return to Education: An International Comparison", Elsvier

労働政策研究・研究機構編 (2005)『高等教育と人材育成の日英比較―企業インタビューから見る採用・育成と大学教育の関係―』労働政策研究報告書 No.38、労働政策研究・研究機構

Mark L. Savicas (2011) "Career Counseling", 日本キャリア開発研究センター監訳 (2015)『サビカス キャリアカウンセリング理論―＜自己構成＞によるライフデザインアプローチ―』福村出版

Harold Schomburg (2003) "Handbook for Graduate Tracer Studies" version2, Centre for Research on Higher Education and Work University of Kassel

Harald Schomburg and Ulrich Teichler. (2006) "Higher Education and Graduate Employment in Europe: Results from Graduate Surveys from Twelve Countries", Springer

Theodore W Schultz (1963) "The Economic Value of Education", Columbia University Press, 清水義弘・金子元久訳（1980）『教育の経済価値』日本経済新聞社

Thomas P. Rohlen (1983) "Japan's High School", 友田泰正訳（1988）『日本の高校―成功と代償―』、サイマル出版会

Anne Storen & Clara Ase Arnesen (2011) 'Winners and Losers', in Allen and van der Velden eds. (2011) pp.190-240

杉村芳美（1990）『脱近代の労働観―人間にとって労働とは何か―』ミネルヴァ書房

杉村芳美（1997）『「良い仕事」の思想―新しい仕事の倫理のために―』中公新書

Donald Super (1957) "Psychology of Careers", Joanna Cotler Book

田中萬年（2002）『生きること・働くこと・学ぶこと―「教育の再検討」―』、技術と人間

田中萬年（2013）『「職業教育」はなぜ根づかないのか―憲法・教育法の中の職業・労働疎外―』、明石書店

Ulrich Teichler ed. (2007) "Careers of University Graduates-Views and Experiences in Comparative Perspectives", Springer

Ulrich Teichler (2009) 'Professionally Relevant Academic Learning', 吉本圭一訳（2018）「アカデミックな学習の職業的レリバンス Professionally Relevant Academic Learning」『九州大学教育社会学研究集録』、第19号、33-49頁

Lester C. Thurow (1975) "Generating Inequality: Mechanisms of Distribution in the U.S. Economy", 小池和男・脇坂明訳（1984）『不平等を生み出すもの』同文館

UNESCO (2015) "Recommendation concerning technical and vocational education and training (TVET)", (http://portal.unesco.org/en/ev.php-

URL_ID=49355&URL_DO=DO_TOPIC&URL_SECTION=201.html,
2020 年 1 月 2 日検索)

渡部真編 (2005)『モラトリアム肯定論』、『現代のエスプリ』No.460、至
文堂

David J. Weerts and Javier Vidal eds. (2005) "Enhancing Alumni Research-
European and American Perspective", San Francisco, Jossey-Bass

山田昌弘 (1999)『パラサイト・シングルの時代』ちくま新書

山田礼子 (2007)「アセスメントの理論と実践」『転換期の高等教育にお
ける学生の教育評価の開発に関する国際比較研究』(科学研究費
補助金研究成果報告書 研究代表者 山田礼子)、同志社大学、7-47
頁

矢野眞和 (2017)「『学習歴とキャリア』に関するいくつかの研究課題―
高専教育の実績に学ぶ」、『日本労働研究雑誌』、No.682、63-67 頁

八代充史 (1995)『大企業ホワイトカラーのキャリア』日本労働研究機構

吉本圭一 (1991)「戦後経済と教育の構造変動」『教育社会学研究』第 48
集、日本教育社会学会、42-64 頁

吉本圭一 (1995)「日本の青年の労働意識とその比較」総務庁青少年対策
本部『第 5 回世界青年意識調査細分析報告書』1995 年 3 月、
79-112 頁

吉本圭一 (1998)「学校から職業への移行の国際比較―移行システムの効
率性と改革の方向―」『日本労働研究雑誌』、第 457 号、41-51 頁

吉本圭一 (1999)「職業能力形成と大学教育」、日本労働研究機構『変化
する大卒者の初期キャリア』、No.129、142-166 頁

吉本圭一 (2001)「大学教育と職業への移行―日欧比較調査結果から―」
『高等教育研究』第 4 集、113-134 頁

Keiichi Yoshimoto (2002) 'Higher Education and the Transition to Work in
Japan compared with Europe', Jürgens Enders and Oliver Fulton eds.,
"Higher Education in a Globalising World", Kluwer Academic,
pp.221-240

吉本圭一 (2004)「高等教育と人材育成―「30 歳社会的成人」と「大学教

育の遅効性」—」、高等教育研究所紀要『高等教育研究紀要』第
　　19 集、245-261 頁

吉本圭一 (2006)「インターンシップ制度の多様な展開とインターンシッ
　　プ研究」、日本インターンシップ学会『インターンシップ研究年
　　報』第 9 号、17-24 頁

吉本圭一 (2007)「卒業生を通した『教育の成果』の点検・評価方法の研
　　究」、大学評価・学位授与機構『大学評価・学位研究』、第 5 号、
　　77-107 頁

吉本圭一編 (2009)『企業・卒業生による大学教育の点検・評価に関する
　　日欧比較研究 (科研費研究成果報告書)』

吉本圭一 (2010)「インターンシップの評価枠組みに関する研究—高校に
　　おける無業抑制効果に焦点をあてて—」、日本インターンシップ
　　学会『インターンシップ研究年報』、第 13 号、19-27 頁

吉本圭一編 (2010)『柔軟性と専門性—大学の人材養成課題の日欧比較
　　—』高等教育研究叢書 109、広島大学高等教育開発センター

吉本圭一編 (2016a)『大学教育における職業統合的学習の社会的効用 —
　　IR 枠組みによる「大学の学習成果と卒業生のキャリア形成に関す
　　る調査」報告書—』、九州大学第三段階教育研究センター

吉本圭一編 (2016b)『第三段階教育における職業教育のケーススタディ』
　　九州大学第三段階教育研究センター

吉本圭一 (2017)「第三段階教育における職業教育—諸外国との比較の観
　　点から—」、『リクルート　カレッジマネジメント』、203 号、6-11
　　頁

吉本圭一編 (2019)『分野別学修成果可視化と国際的分野間横断体系化に
　　よる 職業実践専門課程の質保証・向上』九州大学第三段階教育研
　　究センター

吉本圭一、山田裕司 (2003)「大学教育の職業生活への関連性—選抜効果・
　　教育効果・キャリア効果」、日本労働研究機構、74-103 頁

Keiichi Yoshimoto, Yuki Inenaga and Hiroshi Yamada (2007) 'Pedagogy and
　　Andragogy in Higher Education - a comparison among Germany, the

UK and Japan-', "European Journal of Education", Blackwell
Publishing, vol.42, No.1, pp.71-94
吉本圭一、稲永由紀編 (2013)『諸外国の第三段階教育における職業統合
　　的学習』高等教育研究叢書 122、広島大学高等教育開発センター
吉本圭一、江藤智佐子、椿明美 (2018)「大学教育の成果をめぐるアプロ
　　ーチの多元性—卒業生調査による満足度とキャリアの非一貫性に
　　着目して—」広島大学高等教育研究開発センター『大学論集』、
　　第 50 集、239-254 頁

【原論文一覧】

第1章　「なぜ学ぶのか」と「どう生きるか、どう働くか」
　　書き下ろし
第2章　キャリア教育の日本的展開
　　書き下ろし
第3章　若年選好の労働市場と序列的教育制度
　　第1節　「メンバーシップ型」労働市場
　　「労働市場と大学」児玉善仁他編 (2018)『大学事典』平凡社、
　　40-43 頁をもとに加筆修正
　　第2節　学校間の序列競争と教育
　　書き下ろし
第4章　教育目的・目標としての学修成果と進路形成
　　書き下ろし
第5章　学術と職業の往還で学ぶ
　　書き下ろし
第6章　職場体験・インターンシップの日本的展開
　　吉本圭一 (2006)「インターンシップ制度の多様な展開とインターンシ
　　ップ研究」(日本インターンシップ学会『インターンシップ研究年報』
　　第 9 号、17-24 頁) および吉本圭一 (2018)「インターンシップ」(日本
　　教育社会学会編『教育社会学事典』丸善出版、658-661 頁) をもとに加

筆修正

第7章　アクティブ・ラーニングから職業統合的学習（WIL）へ

書き下ろし

第8章　往還する学びと教育の効用 (1) インターンシップの無業抑制効果

吉本圭一 (2010)「インターンシップの評価枠組みに関する研究―高校における無業抑制効果に焦点をあてて―」（日本インターンシップ学会『インターンシップ研究年報』、第13号、19-27頁）より加筆修正

第9章　往還する学びと教育の効用 (2) 専門と関連する就業経験

吉本圭一「大学卒業後の初期キャリアとコンピテンシー形成」（吉本圭一編 (2016a)『大学教育における職業統合的学習の社会的効用 ― IR枠組みによる「大学の学習成果と卒業生のキャリア形成に関する調査」報告書―』、九州大学第三段階教育研究センター、47-77頁）をもとに加筆修正

第10章　往還する学びと教育の効用 (3) 教育の遅効性と30歳社会的成人

吉本圭一 (2004)「高等教育と人材育成―「30歳社会的成人」と「大学教育の遅効性」―」（高等教育研究所紀要『高等教育研究紀要』第19集、245-261頁）をもとに加筆修正

第11章　往還する学習と卒業生調査による教育改善 PDCA

吉本圭一・江藤智佐子・椿明美 (2018)「大学教育の成果をめぐるアプローチの多元性―卒業生調査による満足度とキャリアの非一貫性に着目して―」（広島大学高等教育研究開発センター『大学論集』、第50集、239-254頁）をもとに加筆修正

第12章　学術と職業のスパイラルを担保する国家学位資格枠組 (NQF)

吉本圭一 (2017)「第三段階教育における職業教育―諸外国との比較の観点から―」（『リクルート　カレッジマネジメント』、203号、6-11頁）をもとに加筆修正

第13章　第三段階教育の未来形

書き下ろし

本書は、科学研究費補助金・基盤研究（A）「企業・卒業生による大学

教育の点検・評価に関する日欧比較研究」（研究課題 JP17203041）、科学研究費補助金・基盤研究（A）「非大学型高等教育と学位・資格制度に関する研究」（研究課題 JP21243044）、科学研究費補助金・基盤研究（A）「キャリア・職業教育による高等教育の機能的分化と質保証枠組みに関する研究」（研究課題、JP25245077）、科学研究費補助金・基盤研究（A）「第三段階教育における往還的コンピテンシー形成と学位・資格枠組みの研究」（研究課題 JP19H00622）などの成果の一部を活用し、とりまとめたものである。

索引

■ 著者紹介 ■

吉本 圭一（よしもと けいいち）

　1954 年笠岡市生まれ、東京大学教育学部卒業、同大学院教育学研究科博士後期課程単位取得退学、雇用職業総合研究所、日本労働研究機構、放送教育開発センターを経て、現在、九州大学大学院人間環境学研究院・主幹教授、第三段階教育研究センター長。OECD「基礎教育から職業生活への移行」政策レビュー事業コンサルタント、中央教育審議会キャリア教育・職業教育特別部会臨時委員、などを歴任。専門は、教育社会学、高等教育論、キャリア教育論、日本産業教育学会会長。論文・著書に「高等教育と人材育成―『30 歳社会的成人』と『大学教育の遅効性』―」（『高等教育研究紀要』2004 年）、『教育社会学―第三のソリューション―』（共訳書、2005 年、九州大学出版会）など多数。